Oscar Wilde – Tischgespräche
Herausgegeben von Thomas Wright

Oscar Wilde – Tischgespräche

Herausgegeben von
Thomas Wright

Aus dem Englischen
von Maria Mill

Karl Blessing Verlag

Titel der Originalausgabe: Table Talk – Oscar Wilde
Originalverlag: Cassell & Co, London

Der Karl Blessing Verlag ist ein Unternehmen der
Verlagsgruppe Random House GmbH.

1. Auflage
Copyright © der deutschsprachigen Ausgabe
by Karl Blessing Verlag GmbH München 2002
Text copyright © 2000 Thomas Wright
Design und Layout copyright © 2000 Cassell & Co
Umschlaggestaltung: Design Team München
Satz: Uhl + Massopust, Aalen
Druck und Bindung: GGP Media, Pößneck
Printed in Germany
ISBN 3-89667-177-4
www.blessing-verlag.de

INHALT

* * *

BIBLISCHE GESCHICHTEN

PROSAGEDICHTE

ANHANG

Wilde als junger Mann. »Als Erzähler unvergleichbar groß«,
nannte ihn G. B. Shaw, und der Künstler William Rothenstein hielt
ihn für »einen einzigartigen Plauderer und Geschichtenerzähler«.

Vorwort
von Peter Ackroyd

* * *

Die Vermutung, in Oscar Wildes veröffentlichten Werken sei nur die Hälfte seines Talents zum Ausdruck gelangt, ist durchaus plausibel. Wilde gehört zu jenen vor Witz und Einfallsreichtum sprühenden Konversationsgenies – wie Johnson und Coleridge –, die diesen Überfluss nicht aufs geschriebene Wort zu beschränken vermögen. In Gesellschaft war er denn auch weniger der geistreiche Kopf im konventionellen Sinne, als vielmehr Seher und Magier; die Macht seiner Persönlichkeit war so groß, dass sie noch in den hier abgedruckten Texten spürbar wird – in Texten, die Menschen, die ihn kannten, aus der Erinnerung niederschrieben. Auch nach Prozess und Kerkerhaft blieb er ein großartiger und produktiver Geschichtenerfinder, der, wie Thomas Wright in seiner Einführung bemerkt, das Erzählen ebenso wenig einstellen konnte wie das Atmen. Er war der geborene Fabulierer, fortwährend bestrebt, die Welt im Glanz seiner Märchen und Erzählungen erstrahlen zu lassen, in denen sich das Heilige und das Wunderbare die Waage halten.

Wer lediglich Wildes Stücke und Epigramme kennt, mag von seinem stark ausgeprägten Sinn für das Spirituelle überrascht sein. Seine Erzählungen – ob weltlich oder biblisch – bekunden ein Bewusstsein von Verdammung und Erlösung, dem es an Ironie und klarem Blick für die

Willkür der göttlichen Gnade nicht gebricht. Dennoch war sein Gott nicht immer und unbedingt ein christlicher. In seiner frühen Kindheit sog Wilde die Geschichten der keltischen Märchenlandschaft in sich auf, und ein Teil seiner erzählerischen Kraft speist sich aus dem Wissen um diese uralte und eigenwillige Welt. Eben darum offenbart erst dieses Bändchen den wahren Umfang und Umriss seiner Imagination, die ebenso stark in der irischen Folklore wie in den Werken der französischen Symbolisten und früherer englischer Dramatiker wurzelt.

Auf diese Weise trug Wilde auch zur Wiederbelebung der mündlichen Tradition in der viktorianischen Literatur bei. In seinen kritischen Schriften vervollkommnete er die Kunst des Dialogs, in seinen späteren Gerichtsprozessen veranschaulichte er die Macht der Rede. Um jedoch eine Idee von der wahren Melodie und Majestät seiner Stimme zu erhalten, dürfen wir jetzt auf diese bisher noch nicht gesammelten Geschichten zurückgreifen. In ihnen liegt Wildes einzigartiges Genie begründet.

Einführung

* * *

Reden«, erklärte Oscar Wilde, »ist eine Art geistigen Handelns und das Gespräch eine der liebenswürdigsten unter den Künsten.« Von seiner Zeit an der Portora Royal School in Enniskillen, wo er noch die banalsten Vorfälle des Internatslebens für die Klassenkameraden zu skurrilen Legenden ausspann, bis hin zu seinem Sterbelager in einem schäbigen Pariser Hotel, als er mitten im Satz verschied, hat Wilde zum Entzücken und Erstaunen seiner Zuhörer mit Worten nie gegeizt.

Eine Seite seiner mündlichen Äußerungen hat sich uns in den zahllosen Sammlungen witziger Aphorismen erhalten. Darin fasst er die Welt in einem Satz und die gesamte Existenz in einem Epigramm zusammen. Eine weitere Facette Wilde'scher Konversationskunst war seine Fähigkeit, auf elegante Weise mit philosophischen Ideen zu jonglieren; die platonischen Dialoge, die er in seiner Essay-Sammlung *Intentions* (1891) publizierte, lassen uns seine intellektuelle Spannweite und Wendigkeit erahnen.

Diese beiden populär gewordenen Vorstellungen vom Redner Wilde – »der Prinz des Paradoxons« und »der erste gut gekleidete Philosoph der Geschichte« – müssen um eine dritte ergänzt werden. Wilde war der größte Geschichtenerzähler seiner Epoche, und viele seiner Freunde waren überzeugt, dass seine eigentümliche Begabung vor allem beim Erzählen zum Ausdruck kam. Tatsächlich bemerkte Wilde gegenüber einem Freund, dass seine Ideen niemals »nackt« das Licht der Welt erblickten: »Denken«, sagte er, »kann ich einzig und allein in Geschichten. Auch der Bildhauer überträgt seine Gedanken nicht etwa in Marmor. Er denkt in Marmor.«

Wilde verfügte über einen unerschöpflichen Vorrat an Erzählstoffen. Einer seiner Freunde beschrieb ihn als jemanden, der alle möglichen Geschichten um seinen Sessel herum aufstapelt, um sie am Ende des Vortrags mit schallendem Gelächter umzustürzen. Ein anderer meinte, er habe eine Scheherazade *en miniature* in sich, die – auf eine Weise, die er weder kontrollieren noch vorhersagen könne – eine Fabel nach der anderen ersinne.

»Ich habe eine neue Geschichte«, verkündete Wilde zuweilen – an die anderen Gäste gewandt –, wenn bei einer Gesellschaft die Tafel aufgehoben und der Kaffee serviert wurde. Öfter jedoch wurde er von einem der Versammelten darum gebeten. »Und wovon, mein lieber Junge«, versetzte er dann, »soll ich erzählen?« Sobald man ihm aber ein Thema, etwa das »Elisabethanische England«, genannt, ihm ein Schmuckstück oder eine Münze gereicht hatte, erfand er eine entsprechende Geschichte oder baute beziehungsweise schmückte eine schon früher erzählte weiter aus. Im sich daran anschließenden Beifallsgemurmel konnte ihn dann eine Bemerkung zu einer weiteren inspirieren. Ging das Publikum mit, so erzählte er stundenlang Geschichte um Geschichte, die er – wie ein Zuhörer schrieb – durch witzige Kommentare miteinander verknüpfte wie Edelsteine an einer goldenen Kette. Ja, so be-

rühmt wurden diese Vorträge, dass Gastgeber und Gast-
geberinnen auf ihren Einladungskarten vermerkten, man
werde »Oscar Wilde treffen und eine neue Geschichte von
ihm hören«.

Einige von Wildes Erzählungen beruhten auf geistrei-
chen Anekdoten über Politiker und Prominente; bei anderen handelte es sich um poetische Fabeln oder Adap-
tionen biblischer Stoffe. Mit einer Geschichte appellierte
er an den Intellekt seines Publikums, mit einer anderen an
seine Vorstellungskraft, seine Emotionen oder seinen Sinn
fürs Absurde. Da er überzeugt war, dass das Gespräch zwar
alles berühren, aber nichts vertiefen dürfe, ließ er es niemals zu, dass sein Diskurs von einem einzigen Thema,
einer einzigen Stimmung beherrscht wurde.

Die Wirkung von Wildes Geschichten auf sein Publikum war außerordentlich. Viele der Zuhörer ließen ihren
Tränen freien Lauf. Mehr als einer berichtete, beim Erzählen seien »Strahlen von ihm ausgegangen«. Einmal schrie
eine der Geladenen sogar laut auf, weil sie sich einbildete,
einen Heiligenschein um seinen Kopf zu erblicken. Niemand schien sich seinem Zauber entziehen zu können.

Die meisten, die Wilde lauschten, waren überzeugt, dass
diese mündlich vorgetragenen Geschichten seine größten
Werke seien. Bis zu seinem Lebensende drängte man ihn
immer wieder zur Niederschrift. Vermutlich auf Bitten
von Freunden veröffentlichte er 1893/94 unter dem Titel
Poems in Prose sechs dieser »spoken stories«. Robert Ross,
enger Freund und Nachlassverwalter, schrieb später, dass
die Prosagedichte – »die Sorte von Geschichten, die Wilde
auf eine momentane Eingebung, eine zufällige Bemer-

kung oder eine einem Buch entliehene Formulierung hin nach Tisch erzählte« – eigentlich hätten fortgesetzt werden sollen. Doch obgleich Briefe aus Wildes letzten Jahren neugierig machende Andeutungen auf die Niederschrift mehrerer »neuer« Prosagedichte enthalten, wurden, soweit bekannt, zu seinen Lebzeiten keine weiteren Prosagedichte veröffentlicht.

In den ersten Jahren nach Wildes Tod bedauerten seine Freunde, dass mit dem Erzähler auch so viele seiner Geschichten dahingegangen waren. Offensichtlich verfolgten einige von ihnen den Plan, sie niederzuschreiben und in einem Band zu versammeln. So schrieb etwa der Künstler William Rothenstein in einem Brief an Robert Ross: »Ich habe mit York-Powell diniert… und er meinte, man müsse etwas unternehmen, um einige der bezauberndsten Geschichten Oscars für die Nachwelt zu erhalten… ein Bändchen mit Tischgesprächen oder Ähnlichem.« Entsprechende Vorschläge erhielt Ross von vielen Freunden Wildes, doch nie wurde etwas unternommen und folglich auch niemals ein solcher Band publiziert.

Glücklicherweise aber trugen viele von denen, die Wilde gehört hatten, seine *spoken stories* in ihre Tagebücher und Notizhefte ein. Einige der Erzählungen wurden später adaptiert und in Kurzgeschichten, Dramen oder Gedichte umgeformt; andere erschienen in Zeitungsartikeln über den Dichter, in Erinnerungsbüchern und Autobiographien. Manche wurden schon bald, nachdem Wilde sie erzählt hatte, aufs Detaillierteste ausgearbeitet; andere wiederum haben nur als Überschrift, in einem Handlungsfaden oder ein, zwei Zeilenfragmenten überlebt.

Viele dieser Geschichten sind Liebhabern Wildes vertraut, da Autoren wie Hesketh Pearson und Richard Ellmann etliche davon in ihren Wilde-Biographien nacherzählt haben. E. K. Mikhails hervorragendes Buch *Oscar Wilde: Interviews and Recollections* (1979) enthält auch mehrere unbekanntere Geschichten, die Wilde im Rahmen von Interviews oder im Gespräch mit Freunden erzählte. Keiner dieser Autoren verfolgte jedoch die Absicht, eine größere Auswahl von Wildes mündlich überlieferten Geschichten in einer Anthologie zugänglich zu machen. Im englischen Sprachraum stellt *Table Talk* den ersten Versuch in dieser Richtung dar.

Auf Französisch allerdings hatte der exzentrische Schriftsteller Guillot de Saix bereits während der 1940er Jahre eine umfassende Sammlung von *spoken stories* publiziert. Nachdem de Saix praktisch alles über Wilde gelesen und viele derer, die Wilde während seiner letzten Pariser Jahre kannten, interviewt hatte, veröffentlichte er über hundert von Wildes mündlichen Geschichten. Und auch wenn sie hinsichtlich der Qualität große Schwankungen aufwiesen und manche Zuschreibung ohne jede Quellenangabe erfolgt ist – wir verdanken de Saix die Rettung einiger der schönsten Geschichten. Ein paar von ihnen wie auch mehrere von André Gide notierte Erzählungen wurden übersetzt und in diesen Band aufgenommen. Angesichts des »mündlichen« Charakters und der wechselnden Qualität der de Saix'schen Texte war es fast unvermeidlich, dass das literarische Establishment sie mitunter als »Apokryphen« einstufte. Der Leser wird jedoch feststellen, dass die für dieses Buch ausgewählten Geschichten nur von Oscar Wilde stammen können.

Die meisten Erzählungen sind Autobiographien, englischen Zeitungsartikeln oder Lebensbeschreibungen Wildes entnommen. Nur vierzehn wurden aus dem Französischen[1] übersetzt, einige wenige davon zum ersten Mal. Im Allgemeinen erfolgte ihre Auswahl auf Grund textimmanenter Qualitäten und mit dem Ziel, einige der unbekannteren Geschichten einem breiteren Publikum zugänglich zu machen.

Eine Reihe von Erzählungen wurde aus anderen Gründen aufgenommen. Manche werfen ein interessantes Licht auf Wildes Persönlichkeit oder sein Schreiben, offenbaren etwa sein durch und durch keltisches Temperament oder gewähren Einblicke in den schöpferischen Prozess.

Ein Auswahlkriterium für die aus dem Französischen übersetzten Geschichten war auch ihre »Authentizität« insofern, als sie von Personen berichtet wurden, deren Begegnung mit Wilde verbürgt ist, oder aber, weil sie in mehr als einer Quelle Erwähnung finden. So können wir uns beispielsweise sicher sein, dass Wilde »Die unnütze Auferstehung« tatsächlich selbst erzählt hat. Unmöglich und unangemessen wäre es jedoch, mit einem der hergebrachten textkritischen »Authentizitäts«-Kriterien an die Geschichten heranzugehen, denn sie gehören einem völlig anderen Genre an: der oralen Erzähltradition beziehungsweise dem Volksmärchen.

Zwei Hauptmerkmale kennzeichnen das Volksmärchen: In der Regel handelt es sich eher um die Bearbeitung einer überlieferten Geschichte als um das »Originalwerk« eines

---

1 A. d. Ü.: Dies bezieht sich auf die englische Originalausgabe des Buchs.

einzigen Autors; und da es, dem jeweiligen Erzählkontext entsprechend, Veränderungen unterworfen ist, liegt es meist nicht in einer festen oder »letztgültigen« Form vor. Wildes *spoken stories*, seine gesprochenen Geschichten, weisen beide Charakteristika auf. Typisch für ihn war, dass er einen Stoff aus der Bibel, der Geschichte, aus Mythologie, Literatur, der irischen Märchentradition oder sogar eigenen Werken aufgriff und ihn je nach Zuhörerschaft fortwährend abwandelte.

Ein wesentlicher Teil von Wildes Erzählgenie lag in der Tat in einer fast telepathischen Sensibilität für sein Publikum. Einem Dichter etwa präsentierte er eine Geschichte als komplexes philosophisches Märchen; für ein Kind machte er ein aufregendes Fantasy-Abenteuer daraus. Deshalb sollte man die folgenden Erzählungen als Grundlagentexte betrachten, von denen ausgehend Wilde bei jedem Wiedererzählen völlig neue Geschichten entwickelte. Ganz offensichtlich waren sie für ihn einfach *etwas Lebendiges*.

Es überrascht daher auch kaum, dass sich die meisten der Geschichten in einer Reihe höchst unterschiedlicher Fassungen erhalten haben. Für diesen Band wurden Texte von möglichst hoher Qualität ausgewählt, beziehungsweise solche, die dem Leser die Grundstruktur der betreffenden Geschichte vermitteln. Sodass er sich nach der Lektüre in etwa ausmalen kann, auf welche Weise Wilde diese dann entsprechend dem jeweiligen Anlass weiter ausgeschmückt oder neu erfunden hätte.

Eigentlich inspirierte Wildes Publikum den Dichter also nicht nur durch Aufmerksamkeit und Beifall, sondern hatte auch ganz aktiv an der Erschaffung und Formung der Erzählungen Anteil. Es ist daher wichtig, sich klarzumachen, wo und wann Wilde seine Geschichten erzählte. Aus diesem Grund haben wir jeder Erzählung eine Schilderung ihrer Entstehungsumstände vorangestellt. Sind diese unbekannt, wird der Erzählkontext einer anderen Version derselben Geschichte oder aber ein zumindest wahrscheinlicher Kontext mitgeliefert. Erst dann folgt die Geschichte.

In diesen Einführungen soll keine kritische Wertung der Texte vorgenommen werden. Grundsätzlich findet weder eine Erörterung ihrer literarischen Quellen noch ihrer Beziehung zu Wildes schriftlichem Œuvre statt. Auch Interpretationsvorschläge werden nicht gemacht. Wilde weigerte sich, seine Geschichten zu »erklären«. Er forderte – ganz im Gegenteil – seine Zuhörer sogar auf, sich aktiv an der Erschaffung ihres Sinns zu beteiligen, und bediente sich einer ganzen Reihe von Strategien, um diesen mehrdeutig und unbestimmt zu halten. Folglich zielen die Einleitungen auch eher auf die Bewahrung als auf die Auflösung jener Atmosphäre von Magie und Mysterium, die Wilde in seinen Vorträgen zu erzeugen verstand.

Ein Bezug der Geschichten auf allgemeinere Aspekte von Wildes Leben und Werk wird aber mitunter hergestellt und darüber hinaus auch immer wieder versucht, die Gestalt des erzählenden Dichters zu evozieren. Was dies betrifft, folgen wir hier einer langen Tradition, begründet von zahlreichen Freunden Wildes, die es – um die Geschichten so gut wie möglich zur Geltung zu bringen – nach seinem Tod für unumgänglich hielten, bei jedem Erzählen durch Nachahmung seiner Manierismen und seines Tonfalls auch seine Person aufs Neue zu beschwören. Doch auch wer – wie der Dichter W. B. Yeats – nichts von derlei Verrenkungen hielt, musste sich, um die Geschichten wirklich auskosten zu können, Wildes Erzählweise vergegenwärtigen. Und das ist, gewissermaßen, auch heute von Nöten. Beim Lesen der Geschichten sollten wir uns um eine Steigerung ihrer Wirkung bemühen, indem wir ein Echo von Wildes »goldener Stimme« herauszuhören versuchen.

Die Erzählungen wurden unter vier Überschriften – »Anekdoten«, »Märchen«, »Biblische Geschichten« und »Prosagedichte« – zusammengefasst, die sich in locker chronologischer Folge aneinander reihen. Was jedoch keineswegs als Lektürenanleitung oder gar -vorschrift zu verstehen ist. Hinzufügen ließe sich noch, dass sich diese Tischgespräche so wenig wie ein Gedichtband dazu eignen, in einem Zug durchgelesen zu werden.

ANEKDOTEN

* * *

»Es war eine großartige Improvisation…
Er war brillant, phantastisch, hemmungslos.
Er bezauberte seine Zuhörer bis zur Selbstvergessenheit,
und lachend folgten sie seiner Pfeife.«

DAS BILDNIS DES DORIAN GRAY

Oscar Wilde 1881 in der Royal Academy.
»Die Gesellschaft«, prophezeite er,
werde »zurückfinden zu ihrer verlorenen Leitfigur,
dem kultivierten und fesselnden Lügner.«

Der junge Verschwender

* * *

Eine musikalische Stimme hielt Oscar Wilde für das unverzicht-barste Attribut des erfolgreichen Geschichtenerzählers; und kaum war er von Dublin nach England gezogen, machte er sich gewissenhaft an die Arbeit. Nach und nach entledigte er sich seines breiten irischen Akzents – eines der vielen Dinge, die ihm in Oxford abhanden gekommen seien, wie er später meinte – und ersetzte ihn durch die präzise Artikulation und schleppende Sprechweise der englischen Oberschicht.

Seine Stimme inspirierte mehr beschreibende Adjektive und bildhafte Vergleiche als jeder andere Zug seiner Persönlichkeit. Sie sei warm, hieß es, voll, wie eine Liebkosung, moosig, melodiös, sonor oder auch schläfrig. Ein Freund bezeichnete sie als »weichen Redefluss – bedächtig und beherrscht, orakelhaft im Ton –, der ohne Stocken, ohne Zögern dahinströmt«. Ein anderer meinte, die Ausdruckskraft und Musik von Wildes »goldener Stimme« besitze die Macht, gewöhnliche Worte in etwas zu verwandeln, das den Zuhörer »berausche wie Wein«.

Zweifellos maß Wilde dem Rhythmus und Klang seiner Worte ebenso viel Gewicht bei wie deren Bedeutung. In Wörtern wie »narcissus«, »amber« oder »crimson« etwa betonte er mit Vorliebe die erste Silbe; wenn er »vermilion« oder »marjoram« sagte, schwelgte er derart im Klang der Wörter, dass man den Eindruck gewann, er schmecke ihn buchstäblich. Ebenso offensichtlich setzte er seine Stimme zur Erzeugung ironischer Effekte ein: Häufig er-

zählte er Komisches in getragenem und feierlichem Tonfall, phantastische Geschichten dagegen so, als berichte er von alltäglichen Geschehnissen.

Wildes Schreibstil besitzt – wie Walter Pater es ausdrückte – »etwas von dem, was den wunderbaren Plauderer auszeichnet«; wir lesen ihn und meinen, ihn sprechen zu hören. Es ist zu vermuten, dass er die folgenden Geschichten und Anekdoten im Tonfall und Rhythmus seiner Kurzgeschichtensammlung Lord Arthurs Savile's Crime and Other Storys (1891) erzählte.

*

Er war jung, und er war Dichter. In London lebte er in Saus und Braus und verplemperte das Vermögen, das er von seinem Vater ererbt hatte. Als ihm irgendwann dämmerte, dass er bei seinen letzten paar Pfund angelangt war und einen beträchtlichen Schuldenberg angehäuft hatte, beschlossen seine Freunde, ihm zu Hilfe zu kommen.

Bald darauf suchte der ehrlichste und gewissenhafteste dieser Freunde ihn auf, um ihn von ihrem Beschluss in Kenntnis zu setzen. »Mein lieber Junge«, verkündete er mit dem Lächeln dessen, der sich im Vollgefühl seiner guten Tat ganz mit sich im Einklang weiß, »wir haben zusammengelegt und beschlossen, Ihre sämtlichen Schulden zu begleichen. Und wenn Sie versprechen, von Ihren verschwenderischen Gewohnheiten abzulassen und Ihr verpfuschtes Leben in Australien noch einmal von vorn zu beginnen, sollen Sie obendrein den Betrag von hundert Pfund erhalten.«

Mit überschwänglichem Dank akzeptierte der junge Dichter das Angebot. Zwei Monate später jedoch entdeckte derselbe wohltätige Freund den jungen Verschwender, wie er neu und modisch eingekleidet durch Picadilly schlenderte. Der Anblick des jungen Mannes ließ den Freund vor Empörung erzittern. Auf ihn zustürzend stieß er hervor: »Grundgütiger Himmel! Was zum Teufel soll das heißen? Sie haben die hundert Pfund für Australien genommen, und nun sehe ich Sie aufgeputzt wie einen verdammten Dandy noch immer hier herumlungern! So etwas ist mir ja mein Lebtag nicht untergekommen! Jetzt sagen Sie mir auf der Stelle, warum Sie Ihr Wort gebrochen haben!«

Als der junge Verschwender dies hörte, zuckte er gleichmütig die Achseln und antwortete seinem Freund mit einer Gegenfrage:

»Und Sie, mein lieber Junge, verraten *Sie mir* doch einmal: Wenn *Sie* hundert Pfund hätten, würden Sie sich davonmachen, um in Australien zu Grunde zu gehen?«

Tante Janes Ball

* * *

Wilde begleitete seinen Erzählvortrag mit einem Repertoire ihm eigentümlicher Gesten und Gewohnheiten. Ehe er zu einer Geschichte ansetzte, warf er dramatisch die Zigarette ins Feuer oder riss die Arme in die Höhe, sodass die Hände aus den Ärmeln schossen. Während des Erzählens gestikulierte er, um Bilder und Charaktere heraufzubeschwören, fortwährend mit der Rechten, während er sich mit der Linken über das bleiche Gesicht fuhr oder sie beim Lachen vor die nikotinfleckigen Zähne hielt.

Dauerte eine Geschichte länger als eine Minute, zog er mit Schwung eine ägyptische Goldfilter-Zigarette aus einem seiner drei silbernen Zigarettenetuis, entzündete sie und schwenkte sie dann in der Rechten. Wie ein Dirigent bewegte er seine Hand, und der Smaragd-Skarabäus, den er am Finger trug, blitzte und funkelte hinter den monströsen Rauchblumen auf. In dramatischen Pausen erhob er die linke Hand, bis sie auf gleicher Höhe mit der rechten war und blies dann, ehe er seine Geschichte fortsetzte, Rauch zwischen ihnen hindurch.

Sich Wilde in Gesellschaft vorzustellen, fällt nicht schwer: Heiter und sphinxhaft, einen gekrümmten Zeigefinger über dem Mund, wenn er zuhört, voller Lebhaftigkeit und dennoch bedächtig, wenn er seine Geschichten in Szene setzt. Zu diesen Vorstellungen gehörte stets auch eine Prise Mimikry. Durch geringfügige Veränderungen des Tonfalls oder kaum merkliche Augenbewegungen konnte Wilde eine ganze Figur evozieren. Als er die folgende

26

*Geschichte von »seiner« Tante Jane erzählte, schlüpfte er völlig
überzeugend in die Rolle des zärtlichen Neffen. »Tante Jane,
Tante Jane«, begann er gemach, als wolle er sich Zeit lassen, sich
das jüngste Produkt seiner Imagination zu vergegenwärtigen. »Sie
war eine sehr alte Dame«, fuhr er fort, »ich kann mich selbst kaum
an sie erinnern...«*

*

Sehr alt und sehr stolz war die arme Tante Jane, und mut-
terseelenallein lebte sie auf einem herrlichen, herunter-
gekommenen Herrensitz in der Grafschaft Tipperary. Keiner der Nachbarn besuchte sie, und hätte es einer getan, es
hätte sie nicht erfreut. Denn niemand sollte die von Un-
kraut überwucherten Auffahrten des Guts oder das Haus
mit seinen verblichenen Chintzgardinen und verdunkelten
Zimmerfluchten zu Gesicht bekommen. Allein der Gedanke, jemand könne feststellen, dass sie nicht mehr die ge-
feierte Schönheit von einst und auch auf dem Lande keine
Autorität mehr war, schien ihr unerträglich.

So saß sie jahraus jahrein allein im Halbdunkel und
hatte keine Ahnung, was in der Welt draußen vor sich
ging. Eines Winters jedoch spürte sogar Tante Jane ein
leises Säuseln in der Luft, eine Welle der Erregung, die sich
über die Nachbarschaft ausbreitete. Neue Leute zogen in
das neue Haus auf dem Hügel ein, und sie wollten einen
großen Ball geben... einen Ball, wie man noch keinen
erlebt hatte. Denn die Ryans waren ungemein vermö-
gend und – »Die Ryans?«, fragte Tante Jane. »Ryans kenne
ich keine. Woher kommen sie denn?« Und dann kam
der furchtbare Schock: Die Ryans kamen eigentlich »nir-

27

gendwo« her, und waren, wie verlässliche Quellen verbürgten, »Geschäftsleute«.

»Was bilden sich die Ärmsten bloß ein?«, sagte Tante Jane. »Wer soll denn auf ihren Ball gehen?« »Alle«, versicherte man ihr. »Alle haben die Einladung angenommen. Es wird sicher ganz wunderbar.«

Als Tante Jane das hörte, wurde sie von einer entsetzlichen Wut gepackt. So weit also war es bei ihnen gekommen! Und selbstverständlich war alles ihre Schuld. An ihr hätte es schließlich gelegen, mit gutem Beispiel voranzugehen; doch anstatt an vorderster Front zu kämpfen, hatte sie grübelnd im Zelt gesessen.

Und da fasste Tante Jane einen großen Entschluss.

Sie würde einen Ball geben – einen Ball, der die kühnsten Erwartungen übertreffen sollte: Sie würde in die gute Gesellschaft zurückkehren und zeigen, wie eine *grande dame* alter Schule ihre Gäste zu unterhalten verstand. Wenn sich die Grafschaft schon so weit vergaß, würde eben sie selbst in höchsteigener Person sie vor diesen dreisten Eindringlingen retten.

Und augenblicklich machte sie sich ans Werk. Das alte Haus wurde neu gestrichen und möbliert, die Anlagen neu bepflanzt, das Essen und das Orchester in London bestellt und eine ganze Armee von Kellnern engagiert. Alles sollte vom Besten sein – hatte sie sich vorgenommen –, und Geld durfte keine Rolle spielen. Letztendlich, sagte sie sich, würde schon alles bezahlt werden, und wenn sie den Rest ihres Lebens damit zubrächte.

Endlich war der große Abend da. Das Gut war in meilenweitem Umkreis von bunten Lampen erleuchtet, Eingangshalle und Treppenhaus erstrahlten in prächtigem Blumenschmuck, und das Tanzparkett war glatt und glänzend wie ein Spiegel. Die Musiker verbeugten sich auf ihren Plätzen, als Tante Jane in großer Gala und prunkvoller, diamantenbesetzter Robe herabgestiegen kam und am Eingang des Ballsaals stehen blieb.

Dort stand sie nun. Und während die Zeit verstrich, begannen die Lakaien in der Eingangshalle, die Kellner im Speisesaal Blicke zu wechseln, und die Musiker stimmten, um ihren Eifer unter Beweis zu stellen, wieder und wieder ihre Instrumente; die Gäste aber erschienen nicht.

Immer noch wartete Tante Jane in ihrem prächtigen Kleid an der Türe des Ballsaals. Die Uhr schlug elf – zwölf – halb eins, und immer noch kamen keine Gäste.

Zuletzt vollführte Tante Jane einen raschen tiefen Knicks in Richtung Orchester. »Bitte, gehen Sie nun und essen Sie etwas«, sagte sie. »Es kommt niemand mehr.« Danach begab sie sich nach oben und starb. Das heißt: Sie sprach mit niemandem mehr ein Wort und war nach drei Tagen tot.

Und erst eine geraume Weile nach ihrem Tod stellte man fest, dass sie doch tatsächlich vergessen hatte, die Einladungen zu verschicken.

Der junge Erfinder

* * *

Wenn Wilde zu sprechen anhob, erlagen auch Menschen, die ihn sonst eher unattraktiv fanden, seinem Charme. Das lag zum einen an seiner musikalischen Stimme, zum anderen an seinem Lachen und dem seelenvollen Blick. Dieses Gelächter, das seine Witze begleitete oder das er ihnen mitunter auch vorausschickte, war die laute, ansteckende Lache eines zufriedenen Menschenfressers — oder aber eines Erwachsenen, dem es irgendwie gelungen war, Kind zu bleiben. Und seine Augen, die verschiedentlich als schelmisch, kindlich oder verträumt beschrieben wurden, schienen seinen Zuhörern bis auf den Grund der Seele zu blicken.

Solchermaßen begabt, gelang es Wilde, alle, die ihm begegneten, zu bezaubern und zu verführen: Politiker und Poeten; Verleger, Kinder und Knastbrüder; Bettler und Gassenjungen; Anwälte, Anarchisten und andere Tiere — und seine Widersacher obendrein. Sogar George Bernard Shaw, ein Mann, der sich so völlig von ihm unterschied, war hingerissen, als sie sich bei einer Ausstellung in Chelsea zufällig begegneten.

»Es war dies«, erinnerte sich Shaw, »das einzige Mal, dass ich Oscars wunderbares Erzähltalent erleben durfte... und mir wurde klar, weshalb (William) Morris damals während seines langen Siechtums einen Besuch Wildes mehr genoss als den jedes anderen.« Bei dieser Begegnung erzählte Wilde viele kunstvoll komponierte Geschichten, doch die einzige, an die Shaw sich etwas genauer erinnern konnte, war »Der junge Erfinder«.

Ein junger Mann entwickelte einen Theatersitz, mit dem sich durch diverse geniale Vorrichtungen Platz einsparen ließ. Einer seiner Freunde lud zwanzig Millionäre zum Abendessen, damit diese ihn kennen lernen und er sie für seine Erfindung erwärmen könnte. Während des Diners gelang es dem jungen Mann, die Millionäre durch Darlegung der durch eine Theater-Holding zu erzielenden Einsparung – von sechshundert Parkettplätzen nämlich – zu überzeugen; sie brannten förmlich darauf, ihn zu einem reichen Mann zu machen.

Leider aber fuhr der junge Mann fort, die jährlichen Einsparungen an sämtlichen Theatern der Welt, in allen Kirchen und schließlich sogar in allen gesetzgebenden Versammlungen zu überschlagen und zu guter Letzt auch noch die moralischen und religiösen Wirkungen seiner Erfindung zu taxieren, bis er nach einer Stunde einen Profit von mehreren Tausenden beziehungsweise Millionen errechnet hatte.

Die Folge all dessen war – naturgemäß –, dass die Millionäre ihre Zelte abbrachen, sich leise davonstahlen, und der ruinierte Erfinder für alle Zeiten erledigt war.

Die Schauspielerin

*** * * ***

Die folgende Geschichte erzählte Wilde anlässlich mehrerer Gelegenheiten und – ganz typisch für ihn – jedes Mal anders. Ein Freund, der »Die Schauspielerin« hörte, meinte, sie habe Wilde zu seiner späteren Darstellung der Sybil Vane in The Picture of Dorian Gray (1891) inspiriert. Die Protagonistin der folgenden Fassung ähnelt dieser Figur jedoch nur andeutungsweise. Niedergeschrieben wurde die Geschichte in den frühen 1890ern von zwei Frauen, die sie vermutlich auf einer Wilde'schen Abendgesellschaft in der Tite Street (im Londoner Stadtteil Chelsea) gehört hatten.

Bei diesen Diners tat Wilde seiner Frau mitunter den Gefallen, ihre Freunde mit Anekdoten und Geschichten zu unterhalten. Als immerwährender Verschwender des eigenen Genies verausgabte er sich vor solchen Zuhörern genauso wie vor großen Dichtern oder seinen engsten Freunden – was zweifellos daran lag, dass er einerseits unter Erzählzwang stand, andererseits aber auch wusste, dass seine Phantasie unerschöpflich war. Vielleicht legte er deshalb als Autor so wenig Wert auf geistiges Eigentum und warf mit Erzählstoffen und Ideen ebenso großzügig um sich wie mit seinem Geld.

Einmal schlug er seine in der Tite Street versammelten Zuhörer derart in Bann, dass sie wie die von den Musen Verzauberten in der griechischen Mythologie nicht in der Lage waren, ihr Essen anzurühren.

Die Schauspielerin und »Prinzessin schöner Posituren und Gesten«
Sarah Bernhardt, deren Stimme Wilde imitiert haben soll.

Es war einmal eine große Schauspielerin, die ihre Kunst derart vervollkommnet hatte, dass ihr die gesamte Theaterwelt zu Füßen lag. Wie jedem genialen Künstler wurde ihr die Kunst zur einzigen Lebenswirklichkeit, und für die Welt außerhalb des Theaters hegte sie nicht die geringste Neugier.

Eines Tages aber begegnete ihr ein Mann, in den sie sich leidenschaftlich verliebte. Und ab da war ihr ihre ganze Kunst und sogar die Anbetung ihrer Bewunderer ein Nichts. Doch obwohl sie dem Geliebten versicherte, ihr Herz gehöre nur ihm allein, wurde er entsetzlich eifersüchtig auf ihr Publikum, das ihr längst nichts mehr bedeutete. Und eines Tages, als er die Eifersucht nicht mehr ertrug, beschwor er sie, der Bühne zu entsagen.

Da aber die Liebe bei der Schauspielerin fast eine Art Überdruss am Theater und seiner unwirklichen Schattenwelt bewirkt hatte, fiel ihr das Opfer nicht allzu schwer. »Liebe ist besser als Kunst«, sagte sie sich, »besser als Ruhm, ja, besser als das Leben.« Und sie beschloss, der Bühne und all ihren großen Triumphen für immer Lebewohl zu sagen, um sich ganz dem geliebten Mann zu widmen.

Die Zeit verging, und obgleich sie zunächst überglücklich gewesen waren, begann die Liebe des Mannes nach einer Weile zu schwinden und zu erkalten. Und natürlich gelang es ihm nicht, dies vor der Frau, die um seinetwillen alles aufgegeben hatte, zu verbergen. Wie eisiger Abendnebel legte sich die Gewissheit, dass der Mann sie nicht mehr liebe, auf die Schauspielerin und hüllte sie von Kopf bis Fuß ins graue Leichentuch der Verzweiflung.

Doch tapfer, wie sie war, zwang sie sich, der Situation ins Auge zu blicken – auch wenn ihr die Klarheit, mit der sie diese nun erkannte, ins Herz schnitt. Denn sie sah nicht nur deutlich, dass der Mann sie nicht mehr liebte, nein, es war auch unverkennbar, dass sie mit der Opferung ihrer Kunst zu Gunsten der Liebe einen entsetzlichen Fehler begangen hatte. Und mit derselben Klarheit sah sie nun auch, dass ihre Kunst – statt ihr in der Stunde der Not Inspiration und Hilfe zu sein – ein ernsthaftes Hindernis darstellte. Denn jetzt, da sie sich der Realität stellen musste, fehlten ihr die Anweisungen des Regisseurs, die Worte des Autors. Noch nie hatte sie bislang etwas ohne diese unternommen, und zu ihrem Entsetzen merkte sie, dass sie zum Handeln in der wirklichen Welt vollkommen unfähig war.

Eines Tages – sie schritt in ihrem Salon auf und ab – suchte ihr ehemaliger Theaterdirektor sie auf. Seine Hauptdarstellerin war plötzlich erkrankt, und in seiner Verzweiflung war er gekommen, um sie zu bitten, ihm zuliebe die Rolle zu übernehmen. Da sie schon eine Weile nicht mehr gespielt hatte und kürzlich erst hatte entdecken müssen, dass ihre Kunst sie im Stich ließ, lehnte sie ab. »Was«, fragte sie, »habe ich denn mit den Marionetten dieses Stücks, den gemalten Pappkulissen und eitlen Aufzügen gemein?« Für den Direktor allerdings stand sehr viel Geld auf dem Spiel, und er ließ nicht locker. Ob sie das Stück nicht wenigstens *lesen* wolle?

Am Ende willigte sie ein, und sei es nur, um ihn loszuwerden. Schon nach der Lektüre weniger Seiten aber erkannte sie verwundert, dass die Tragödie des Stücks der

Karikatur Wildes von »Oliver Paque« (H. W. Pike) in
The Daily Graphic *aus dem Jahr 1890.*

ihres Lebens entsprach. Figuren und Handlung stimmten exakt überein, und das Dénouement des Stückes hielt auch für ihr Problem eine Lösung bereit.

So war das Schicksal der Schauspielerin in Form eines Stückes zu Hilfe gekommen, und sie beschloss, die Rolle zu übernehmen, um sich mit jedem Detail der Situation vertraut zu machen. Sie studierte die Rolle ein und spielte sie schon bald vor großem Publikum. Ihre darstellerische Leistung war zweifelsohne die größte ihrer bisherigen Laufbahn; am Ende erhielt sie viermal stehende Ovationen und neun Blumensträuße.

Als alles vorüber war und sie das Theater verließ, hatte sie noch immer die Begeisterung des Publikums im Ohr. Und da sie diesem ihre ganze Seele entblößt hatte, fühlte sie, wie eine tiefe Mattigkeit sie zu überwältigen drohte, als sie mit Blumen beladen vor ihrer Haustüre eintraf.

Beim Eintreten fiel ihr auf, dass der Tisch für zwei Personen gedeckt war. Und es kam ihr wieder in den Sinn, dass dies die Nacht war, in der sich ihr Schicksal entscheiden sollte.

Und im selben Augenblick schlenderte der Mann, den sie so leidenschaftlich geliebt und dem sie ihre Kunst geopfert hatte, zur Türe herein. Lächelnd fragte er, ob er rechtzeitig komme.

Mit einem Blick auf die Uhr erwiderte sie: »Zum Abendessen ja. Ansonsten allerdings«, fuhr sie fort und sah ihm direkt in die Augen, »kommst du ein bisschen zu spät.«

Geistesgegenwart

* * *

»Geistesgegenwart« ist eine geradezu exemplarische mündliche Erzählung, eine jener Geschichten, die in vielen volkstümlichen Überlieferungen vorkommt; Wilde adaptierte sie auf seine ganz eigentümliche Weise und wandelte sie bei jedem neuerlichen Vortrag ab. In einer der Fassungen ist ein Flötenspieler der Protagonist; in der hier vorgestellten, etwas deutlicher ausgearbeiteten Version ist aus dem Flöten- ein Schauspieler geworden. Der Grund dafür ist ein nahe liegender: Wilde erzählte die Geschichte auf einer Lunchparty, die seine Theaterfreunde gaben. Die Handlung der beiden Fassungen ist weitgehend identisch, doch gelang es ihm innerhalb des vorgegebenen Rahmens eine völlig neue Geschichte zu entwickeln.

Wilde kam — wie üblich — zu spät. Er habe am ersten Band der Billigen Groschen- und Volksausgabe großer Gedanken *gearbeitet. »Die Sache«, bemerkte er, »kostet mich jede freie Minute, die mir nach Essen, Trinken und Schlafen noch übrig bleibt.« Nachdem er mit seiner genialen, aber natürlich unwahren Entschuldigung die Aufmerksamkeit der gesamten Tafel auf sich gezogen hatte, fuhr er fort: »(Es soll) ein kleiner Band von moralischen Essays (werden). Der erste, an dem ich momentan schreibe, handelt von der Bedeutung der Geistesgegenwart und ist in Form einer Anekdote gehalten… (Mein Essay beruht auf) einem wahren Vorfall, der mir von einem bekannten Schauspieler zugetragen wurde, welcher immer noch glücklich unter uns weilt und nichts*

Oscar Wilde 1876 am Magdalen College in Oxford.
Einem Kommilitonen zufolge war
»seine romantische Phantasie sehr ausgeprägt«.

weniger als sein Leben jener Unverfrorenheit verdankt, die er im Angesicht entsetzlichster Gefahr an den Tag legte.« Dann setzte er zu folgender Geschichte an.

*

Mein junger Freund, der Schauspieler, spielte die Hauptrolle in einem überaus populären Stück. Bereits seit Monaten gab es keine freien Plätze mehr, und vor jeder Vorstellung erstreckten sich die Schlangen fürs Parkett und die obersten Ränge über Meilen: erstreckten sich wirklich und wahrhaftig bis Hammersmith. (Wobei ich hinzufügen muss, dass es *in* Hammersmith aufgeführt wurde.)

Eines Abends während der Vorstellung, in eben jenem qualvollen spannenden Augenblick, als das arme Blumenmädchen die abscheulichen Anträge des lasterhaften Marquis voller Verachtung zurückweist, quoll eine riesenhafte Rauchwolke aus den Kulissen, und hoch züngelnde Flammen schlugen aus der Bühnendekoration.

Obgleich man unverzüglich den eisernen Vorhang herabließ, packte Entsetzen die Zuschauer, und sie stürzten zu den Ausgängen. Eine grässliche Panik brach aus – Männer begannen zu brüllen und zu schieben, Frauen kreischten und klammerten sich aneinander. Es bestand ernstlich die Gefahr, zu Tode getrampelt zu werden, und tatsächlich trugen einige Röcke Schmutzflecken und etliche Oberhemden Knitterfalten davon.

Als das lärmende Spektakel seinen Höhepunkt erreicht hatte, trat mein junger Schauspielerfreund – der Liebhaber des Stücks und des Blumenmädchens – aus der Orchestertüre, erfasste die Situation auf einen Blick und kletterte auf die Bühne. Dort, vor dem eisernen Vorhang stehend, mit blitzenden Augen und erhobenem Arm, gebot er Schweigen – gebot Schweigen mit einer Stimme, die wie eine Posaune durchs Theater scholl. Das Publikum, dem diese Stimme wohl vertraut war, fühlte sich beruhigt: Im Nu hatte sich die Panik gelegt.

Dann erklärte er den Leuten, dass vom Feuer, das sich inzwischen gänzlich unter Kontrolle befinde, keine Gefahr mehr ausgehe. Eine sehr reale Gefahr allerdings, fuhr er fort, drohe ihnen von ihrer eigenen Furcht. Und da ihrer aller Leben davon abhänge, dass sie nun den Kopf behielten, sprach er, müssten sie alle unverzüglich ihre Plätze wieder aufsuchen.

Zutiefst beschämt taten sie, wie man ihnen sagte. Und sobald die Ausgänge frei und alle sich wieder auf ihren Plätzen befanden, sprang der Schauspieler behände über die Rampe ins Parkett und verschwand durch die nächste Tür. Gleich darauf füllte sich der Zuschauerraum mit Rauch; von allen Seiten rasten die Flammen herein, und keine Menschenseele verließ lebend den Saal.

Wir aber mögen hieraus ersehen, welch nützliche Sache die Geistesgegenwart doch ist.

Lord Arthur Savile
und der Chiromant

* * *

Fast alle schriftlichen Werke Oscar Wildes begannen als spoken stories; *so erzählte er über Jahre unzählige Fassungen seiner Märchen wie auch des* Dorian Gray, *ehe er sie schließlich niederschrieb. Sogar seine Stücke erzählte er, und die meisten seiner Dialoge und Essays entstanden während gemeinsamer Essen mit Freunden; ein Bekannter berichtete, dass er selbst während des Schreibens noch redete. Es scheint, als habe Wilde all seine Werke aus dem Gespräch entwickelt; er war ein Dichter, der allein in Gesellschaft Inspiration fand.*

Die ihn gehört hatten, waren regelmäßig enttäuscht, wenn sie seine Werke lasen. Durch die Übertragung ins geschriebene Wort verloren die Geschichten für die Zuhörer einen Teil ihrer Lebendigkeit. Das empfanden mit Sicherheit auch jene, die die unter dem Titel »Lord Arthur Savile's Crime« bekannte Erzählung zunächst hörten und später lasen – eine Geschichte, die Wilde vor ihrer Erstveröffentlichung im Jahre 1887 wiederholt vortrug.

Bei einer dieser Gelegenheiten spazierte er (ohne große Begeisterung) mit seinem Freund, dem Maler Graham Robertson, auf dem Lande umher. Kaum hatte Wilde eine Bank erspäht, beschwor er Robertson, ihn ausrasten zu lassen. »Sieh mal«, sagte er, »wenn du mir gestattest, mich zu setzen, erzähle ich dir eine Geschichte. Kennst du die von George Ellison und dem Chiromanten?« Und er begann, ihm eine Variante von »Lord Arthurs Verbrechen« zu erzählen. Bei anderer Gelegenheit entwickelte

*Wilde im Atelier des Künstlers Bernard Partridge eine davon ab-
weichende Fassung. Nach einstündigem Vortrag drängte ihn Partridge, sie doch aufzuschreiben. »Ich glaube nicht, dass ich das
möchte«, erwiderte Wilde lustlos. »Ausarbeiten ist so was Lästi-
ges.«*

*Die folgende Fassung, eine von vielen, die Wilde auf einer
Lunchparty zum Besten gab, war offenbar in kaum fünf Minuten erzählt.*

*

Mr. Ransom, den Chiromanten, lernte Lord Arthur Savile
auf dem großen Empfang von Lady Thirlmere kennen.
Schon immer hatte er wissen wollen, was denn die Zukunft
für ihn bereithielte, und so betrachtete er den seine Hand
inspizierenden Chiromanten mit einem Interesse, das er
kaum zu verhehlen vermochte. Mr. Ransom runzelte die
Stirn und fühlte sich offenbar unbehaglich; dann begann er
zu zittern, sein Gesicht wurde bleich, und seine Stimme
bebte. »Das Schicksal hat Sie dazu bestimmt, einen Menschen zu töten«, flüsterte er, »und seinem Schicksal entrinnt
man nicht.«

Als Lord Arthur sich von seinem Schock erholt hatte,
war Mr. Ransom verschwunden. Das war ja nun in der
Tat eine unerfreuliche Geschichte, doch Lord Arthur
überlegte sich, dass sie für die Person, die er töten musste,
noch viel unerfreulicher ausgehen würde – ein Gedanke,
der ihn, naturgemäß, tröstete. Als der sanfte und gutmütige
junge Mensch, der er war, bestand die Hauptschwierigkeit
für ihn nur darin, das Opfer so rasch und schmerzlos wie
möglich vom Leben zum Tode zu befördern. Gewiss nichts

Maurice Greiffenhagen: »Wilde im Theater«.
Auch als Zuschauer gelang es ihm, ein Publikum anzuziehen.

leichter als das, dachte er. Allerdings sollte er feststellen, dass dies so einfach nicht war.

Der Pastor nämlich, den er unter die Räder eines Omnibusses hatte schubsen wollen, trat jäh zurück und Lord Arthur auf die Füße und verschwand ohne ein Wort der Entschuldigung. Der nächste Versuch misslang noch kläglicher. Auf dem Postwege hatte er einem seit langem kränkelnden Onkel, von dessen Testament er zu profitieren hoffte, Gift zugesandt. Doch was dem einen Gift, ist dem anderen Arzenei, und vierzehn Tage später lud der Onkel zur Feier seiner Genesung zur Dinnerparty.

Und dann sah Lord Arthur eines Morgens, als er seinen Dogcart durch den Hyde Park lenkte, wie ein Mann den Fußpfad verließ und sich anschickte, gemächlich die Straße zu überqueren. Da es sich offenbar um einen Invaliden handelte, hoffte Lord Arthur nicht nur auf einen Erfolg, sondern freute sich auch der Gewissheit, der Menschheit mit der Tötung dieses Mannes einen Dienst zu erweisen. Folglich gab er dem Pferd die Peitsche und steuerte geradewegs auf ihn zu; der Mann aber – überzeugt, das Gespann habe sich selbstständig gemacht – sprang behände zur Seite, packte den Zaum und brachte das Ross zum Stehen. Einen Sovereign Belohnung musste Lord Arthur ihm zahlen.

Immer wieder wurden seine Mordversuche vereitelt. Der Sprengstoff, den er einer Tante geschickt hatte, explodierte nicht; die Dame, die er – über sein Bein – in den Kanal hatte stolpern lassen, wurde von einem Passanten gerettet, und beide mussten entschädigt werden; das Kind, das er samt Kinderwagen umgestoßen hatte, fand dies überaus unterhaltsam – und bat Lord Arthur, es noch einmal zu tun.

Man konnte wirklich den Eindruck gewinnen, das Schicksal sei gegen ihn.

Dann eines Abends jedoch, als er verzweifelt am Ufer der Themse entlang wanderte und sich fragte, ob man ihm wohl auch einen Suizid als Mord durchgehen ließe, erblickte er einen Mann, der sich über die Brüstung beugte. Weit und breit war niemand zu sehen, und der Fluss führte Hochwasser. Wahrlich eine Gelegenheit, die ihm der Himmel schickte. Und so beugte er sich rasch hinunter und packte die Beine des Unbekannten. Ein platschendes Geräusch im Dunkeln, wirbelndes Wasser, und Frieden senkte sich über Lord Arthur. Nach getaner Pflicht fand er tiefen Schlaf und erhob sich erst am folgenden Nachmittag.

Beim Aufschlagen der Zeitung aber, die er stets beim Frühstück las, stach ihm als erstes die folgende Überschrift ins Auge: »Berühmter Chiromant ertrunken − Mr. Ransom verübt Selbstmord«. Und als der Tag von Mr. Ransoms Begräbnis heranrückte, sandte Lord Arthur einen Kranz; »In Dankbarkeit« besagte die Schleife.

Das Glasauge

* * *

Die Wirkung von Wildes Geschichten wurde zuweilen der von berückender Musik gleich gesetzt; häufiger allerdings noch verglich man sie mit dem Sonnenlicht. Seine bloße Gegenwart schien unter den Menschen um ihn herum ein Gefühl wohliger Wärme zu erzeugen; seine enorme Fähigkeit, sich zu freuen und zu staunen, hatte etwas Unwiderstehliches und wirkte ansteckend.

Nie, meinte einer von Wildes Freunden, sei er einem Menschen begegnet, der so völlig mit sich im Einklang gestanden sei oder ein derartiges Talent besessen habe, ganz im gegenwärtigen Moment zu leben. Das echte und spontane Entzücken, das Wilde über die eigenen Einfälle empfand − bemerkte ein anderer −, habe einen ganz wesentlichen Teil seines Charmes ausgemacht. Das größte Vergnügen habe es ihm bereitet, wenn er sah, wie sich nach und nach alle Gesichter in seine Richtung wandten.

Sobald er sich der vollständigen Aufmerksamkeit seines Publikums sicher war, griff er ein Thema auf und spielte damit nach Art und Weise Lord Henry Wottons, seiner eigenen Schöpfung aus dem Bildnis des Dorian Gray: »Er wurde übermütig; er warf ihn (den Gedanken) in die Luft und kehrte ihn um; ließ ihn fallen und nahm ihn wieder auf; brachte ihn mit Hilfe der Phantasie zum Schillern und beflügelte ihn durch Paradoxien.« Mitunter bat er seine Zuhörer, ihm ein Thema zu nennen; dann wieder hob er, ein Zitat, eine triviale Bemerkung oder eine Neuigkeit aufnehmend, zu einer phantastischen Improvisation an.

Die folgende Geschichte entwickelte er vermutlich, nachdem er von einem seiner Zuhörer Einzelheiten eines tatsächlich vorgefallenen Unglücks – »einer Bombenexplosion in einem Restaurant« – erfahren hatte, bei dem einer seiner Gegner ein Auge verloren hatte.

*

Einem überaus eitlen und reichen jungen Gentleman widerfuhr einst das Unglück, bei einem grässlichen Jagdunfall eines seiner Augen einzubüßen. Bald nach dem Unfall fasste er den Entschluss, sich das schönste Glasauge der Welt anfertigen zu lassen. Ein Glasauge, das sich, wie er hoffte, seines Reichtums, seiner Schönheit und seines Namens in jeder Hinsicht als würdig erweisen sollte.

Und so wurde aus rarstem reinem Kristall und feinstem Email ein kleines Meisterwerk geschaffen. Die dunkle Pupille sah aus, als sei sie aus Samt gefertigt, und in den tiefgrünen Wassern der Iris glitzerten winzige Goldeinsprengsel. Wann immer der reiche junge Gentleman in einem seiner zahlreichen Spiegel das Glasauge betrachtete, war er so zufrieden, dass er sich fast wieder in sich verliebte.

Um das Glasauge zu erproben, lud er nach einiger Zeit seinen engsten Freund zum Tee. Natürlich erwartete er sich während des Gesprächs, mit Komplimenten zur Schönheit seines wunderbaren neuen Auges überschüttet zu werden, doch als er merkte, dass diese ausblieben, fragte er seinen Freund ganz direkt, wie er es denn fände.

Leider aber zeigte sich der Freund, als er es genauer in Augenschein nahm, nicht gerade beeindruckt. »Nun ja, alles in allem, alter Junge«, meinte er halbherzig, »steht es dir recht gut. Es ist in der Tat ein entzückendes Dingelchen und zweifellos das Beste in seiner Art.«

»Herrgott nochmal!«, rief der junge Mann aus. »Ist das wirklich alles, was dir dazu einfällt? Offensichtlich besitzt du ja keinerlei Ahnung von diesen Dingen! Bist du nicht verblüfft, wie lebendig es wirkt? Ich für meinen Teil finde es – das kann ich dir versichern – so fabelhaft, dass ich mich kaum in der Lage sehe, zwischen ihm und meinem richtigen Auge zu unterscheiden. Sieh mir noch mal in die Augen, sei so gut, und sage mir ganz ehrlich, ob du das Glasauge erkennst.«

Sehr zum Erstaunen des reichen jungen Herrn jedoch vermochte sein Freund das künstliche Auge ohne eine Sekunde des Zögerns zu identifizieren. Auf die Frage, warum er es so schnell erkannt habe, erklärte er ein wenig hinterlistig: »Weil es das weit schönere deiner beiden Augen ist.«

»Ach!«, meinte der reiche junge Herr. »Das mag ja sein, aber das ist nicht der wahre Grund. In Wirklichkeit hast du es nur erkannt, weil du vorher schon wusstest, welches Auge ich bei diesem verdammten Unfall verloren habe. Aber lass uns hinausgehen auf die Straße und ein kleines Experiment anstellen, damit du dich überzeugen kannst, dass ich Recht habe. Was meinst du dazu? Wir halten den ersten Besten, der zufällig des Weges kommt, an und fragen ihn, ob er zwischen dem Glasauge und dem echten unterscheiden kann.«

Nachdem sich die beiden Männer auf eine »Ehrenwette« geeinigt hatten, traten sie hinaus auf die Straße. Und dort, nicht weit entfernt an einer Mauer lehnend, erblickten sie einen ärmlichen Bettler; er gehörte zu jenen Elenden, denen der Mut so tief gesunken ist, dass sie nicht einmal mehr das Herz haben, die vorbeikommenden Reichen um Geld anzubetteln. Tatsächlich wirkte er so verloren und armselig, dass der Freund des jungen Herrn Mitleid mit ihm hatte.

Der reiche junge Mann schlenderte zu dem Bettler hin und fragte ihn im Tone äußerster Herablassung, ob er sich eine Krone verdienen wolle.

»Eine Krone, Sir!«, versetzte der Bettler. »Das würde mir mehr als schmecken, denn, um die Wahrheit zu sagen, Sir, ich habe seit Tagen nichts gegessen.«

Nachdem der reiche junge Herr dem Bettler genau dargelegt hatte, was er zu tun habe, stellte er sich vor ihn hin. Und indem er lässig eine Krone in die Hand des Bettlers warf, sagte er: »Nun wohl, mein braver Mann: Lassen Sie sich so viel Zeit, wie Sie nur wollen, und wenn Sie sich entschieden haben, verraten Sie mir, welches von meinen beiden Augen das Glasauge ist.«

Der Bettler musste sich nicht lange besinnen; nach wenigen Sekunden deutete er auf das Kunstauge. Der reiche junge Mann wich erstaunt zurück und fragte, wie er es so rasch habe identifizieren können.

»Das war, – wenn Sie mir die Dreistigkeit gestatten, Sir – ganz einfach«, erwiderte der Bettler. »Allein in Ihrem Glasauge konnte ich einen Schimmer von Mitgefühl erkennen.«

Die wahre Geschichte
der Anna von Kleve

* * *

Wilde betrachtete es als Teil seiner gesellschaftlichen Mission, der britischen Society ihre verlorene Leitfigur zurückzugeben: den unverbesserlichen, fesselnden Lügner. Die phantasievollen Geschichten, die er Aristokraten, Parlamentariern und Journalisten nach Lunches und Dinners erzählte, standen im Zeichen dieses Bestrebens. Weil er derartige Anlässe eher als Zeremonien denn als Bankette begriff, wartete er für gewöhnlich, bis der Mokka serviert war, ehe er mit seinem Vortrag begann. Zu diesem Zeitpunkt verkündete Gastgeber oder Gastgeberin den Geladenen: »Nun wird Oscar Wilde eine seiner neuesten Geschichten zum Besten geben.«

Einige dieser Erzählungen basierten auf Ereignissen der englischen Geschichte. Typisch für Wilde war es, sich eine Begebenheit der »offiziellen« Historie herauszugreifen und seine eigene phantasievolle Version daraus zu stricken. Selbstverständlich hielt er objektive »Fakten« und »authentische« historische »Wahrheit« für Illusion; er war überzeugt, dass solcherlei »Tatsachen« in den Werken der offiziellen Geschichtsschreibung die Domäne der Phantasie usurpierten, d. h. unrechtmäßigerweise ins Reich der Märchen und Romanzen eindrangen.

Eine der größten Begabungen des Erzählers Wilde lag in der Fähigkeit, seine Geschichten scheinbar zwanglos aus der allgemeinen Unterhaltung erwachsen zu lassen. Häufig wurden sie durch Bemerkungen anderer angeregt; manchmal machte er sogar unhöfliche Unterbrechungen zum Ausgangspunkt für neue phan-

*tastische Höhenflüge. In diesem Falle nun hatte er mit unbeweg-
ter, maskenartiger Miene dagesessen und einem Diskurs über
die notorische Hässlichkeit der Anna von Kleve gelauscht. Plötzlich blitzten die großen verträumten Augen unter schweren Lidern
auf. »Sie glauben also, sie sei wirklich hässlich gewesen?«, rief er
aus. Und mit der für ihn typischen Lebhaftigkeit erzählte er die
folgende Geschichte.*

*

Im Gefolge der Anna von Kleve, welches diese nach England begleitete, reise ein prachtvoller junger Edelmann.
Schon bald entflammte Anna in leidenschaftlicher Liebe
zu dem Manne, und auf dem Schiff wurden sie ein Paar.

Doch was konnte man tun? Ihre Entdeckung hätte
selbstverständlich ihren Tod nach sich gezogen. Also färbte
sich Anna das Gesicht und verbarg ihren Leib unter un-
förmigen Gewändern, bis sie dem hässlichen Monstrum
glich, für das Heinrich sie bei ihrer Begegnung dann auch
hielt.

Und wissen Sie, was geschah? Jahre verstrichen, und
als der König eines Tages auf Falkenjagd ging, hörte er in
einem nahen Obstgarten eine Frau singen.

Als er sich in seinen Steigbügeln erhob, um zu sehen,
wer ihn da mit so lieblicher Stimme berückte, erblickte er
Anna von Kleve, jung und schön, wie sie in den Armen
ihres Liebhabers sang.

Die Zauberkugel

* * *

Wie Doctor Chasubles Predigt über den Sinn des Mannas in der Wüste (worauf Wilde in seinem Stück The Importance of Being Earnest *aus dem Jahr 1895 anspielt) ließen sich Wildes Erzählungen fast jedem Anlass entsprechend abwandeln. Was zur Folge hatte, dass sich Geschichten wie »Die Zauberkugel« in einer Vielzahl von Varianten erhalten haben.*

Die elaborierteste Fassung wurde dem Herausgeber Frank Harris zu Gehör gebracht, der sie später bearbeitete und als Kurzgeschichte veröffentlichte. Sie handelt von einem Wissenschaftler, welcher entdeckt, dass die Gesetze des Denkens mit denen der Physik übereinstimmen, und ist eine komplizierte philosophische Fabel, mit der Wilde wohl Harris' intellektuellen Vorlieben entgegenkam. In einer anderen, stark davon abweichenden und weit komischeren Version geht es dagegen um einen Zauberer, der nach England reist, um dem König die Entdeckung der spontanen Bewegung vorzuführen.

Die folgende Fassung ist die bei weitem schlichteste. Wilde erzählte sie 1898 seinem Freund Louis Latourette. Obwohl sie aus seinen letzten Lebensjahren stammt, besteht kein Zweifel, dass er eine Variante davon, die er mitunter als »Die Kugel« betitelte, in den frühen Neunzigern Freunden wie More Adey, Robert Ross und dem Romancier Robert Hichens erzählte.

*

Es war einmal ein berühmter Naturwissenschaftler. Der entdeckte das Geheimnis der spontanen Bewegung. Eines Tages fasste er zwecks Bekanntmachung seiner außerordentlichen Entdeckung den Entschluss, eine Vorführung zu organisieren, bei der er eine große Kugel auf eine völlig waagrechte Fläche legen wollte, um sie sodann zu veranlassen, sich von alleine zu bewegen. Als alle nötigen Vorbereitungen getroffen waren, verschickte er Einladungen an die Professoren seines Landes, das Parlament und den König.

Am Morgen der Demonstration jedoch wurde er unruhig und begann sich zu fragen, ob ihm vielleicht bei all seinen Berechnungen ein Fehler unterlaufen sein mochte. Natürlich war ihm klar, dass ein Versagen vor solchem Publikum den bedeutenden Ruf, den er sich über Jahre aufgebaut hatte, ruinieren würde.

Während er so dasaß und über diese gewichtigen Dinge nachgrübelte, kam ein kleiner Junge vorbei. Als der Wissenschaftler den Jungen erblickte, kam ihm eine wunderbare Idee, und er rief ihn zu sich.

»Du magst doch Murmeln, Süßigkeiten und Kreisel, nicht wahr?«, sprach er zu dem Kleinen. »Pass auf, dies alles sollst du von mir bekommen, sofern du versprichst, mir einen kleinen Gefallen zu tun. Und das musst du tun: In etwa zweieinhalb Stunden gehst du zum großen Park in der Mitte der Stadt. Dort angekommen wirst du eine gewaltige Kugel erblicken. Diese Kugel ist innen hohl, und deine Aufgabe ist es, durch eine oben angebrachte winzige Falltür hineinzuklettern. Bis du mich – zusammen mit vielen anderen Herren – in den Park kommen hörst, musst du völlig reglos in der Kugel sitzen und dich mucksmäuschenstill verhalten. Und dann, wenn wir alle im Park sind, musst du ganz genau aufpassen, denn nach einer Weile werde ich leise flüstern: ›Rolle, Kugel!‹ Wenn du das hörst, musst du dich in der Kugel bewegen, damit sie rollt. Und das, junger Mann, war schon der ganze Trick. Wenn du alle meine Anweisungen befolgst, bekommst du so viele Murmeln und Süßigkeiten, wie du nur haben möchtest. Also, hast du verstanden, was ich dir gesagt habe?«

»Jawohl, Sir«, antwortete der Junge mit einem Lächeln. »Ich weiß, was ich zu tun habe.«

Noch am selbem Tag versammelten sich die Professoren des Landes, das Parlament und der König im Park, um der Vorführung des Wissenschaftlers beizuwohnen.

Und als der Wissenschaftler »Rolle, Kugel!« flüsterte, da rollte die Kugel, und verblüfft rissen alle die Augen auf. »Ein Wunder!«, riefen sie und klatschten in die Hände und schrien Hurra.

Doch während ihm noch der Applaus in den Ohren klang, brach der Wissenschaftler auf einmal zusammen und begann zu schluchzen. Unter Tränen gestand er seinem Publikum, dass er es getäuscht habe.

»Verzeihen Sie mir, meine Herren; verzeihen Sie mir, Majestät«, sprach er, »aber ich habe Sie von Anfang an hinters Licht geführt. Mein wissenschaftliches Gewissen ist jedoch stärker als meine Eitelkeit, und ich muss gestehen, dass ich nicht weiß, ob ich die spontane Bewegung nun entdeckt habe oder nicht. Ja, die Kugel rollte in der Tat vor Ihren Augen, doch nur, weil sich ein Kind in ihr befand.«

Ein Chor von Buhrufen und Beschimpfungen ertönte nun aus dem Publikum, und der erzürnte König erhob sich und herrschte den Wissenschaftler an: »Hochstapler! Sie haben den gewaltigen wissenschaftlichen Ruf dieses Landes zum Gespött gemacht! Dafür sollen Sie den Rest Ihres Lebens im Gefängnis verbringen. Wachen! Schafft den Scharlatan fort!«

Von den Flüchen und dem sarkastischen Gejohle des Volkes begleitet, begab sich der niedergeschlagene Wissenschaftler ins Gefängnis. Auf dem Weg dorthin aber erblickte er eine Schar von Kindern, die Himmel und Hölle spielten, und unter ihnen entdeckte er den kleinen Buben, der ihm versprochen hatte, in die Kugel zu steigen. Der Junge, der sich umdrehte, um zu sehen, was wohl Ursache des Spektakels sei, erkannte den von Wachen umringten Wissenschaftler und rannte zu ihm.

»Ich bin es, Sir! Erinnern Sie sich an mich? Ich bin der, mit dem Sie heute Morgen über die Süßigkeiten und die Kugel und all die anderen Sachen geredet haben. Es tut mir wirklich Leid, Sir, aber da war ich und hab mit meinen Freunden Himmel und Hölle gespielt und dabei völlig vergessen, dass ich in den Park sollte und in die Kugel und so weiter. Seien Sie mir bitte nicht böse, Sir – wenn Sie wüssten, wie viel Spaß mir das Spielen gemacht hat – tja, wenn Sie's wüssten, ich wette, Sie würden mir die Murmeln und Kreisel und Süßigkeiten trotzdem schenken…«

Als der Wissenschaftler dies hörte, beugte er sich zu dem Jungen hinab, tätschelte ihm die Wange und drückte ihm eine Goldmünze in die Hand, damit er sich Murmeln und

Süßigkeiten davon kaufe. Dann entfernte er sich ohne ein Wort und mit triumphierendem Lächeln langsam in Richtung Gefängnis.

FABELN

* * *

»In der Kunst gibt es keine allgemein gültige Wahrheit.
Unter einer Kunstwahrheit versteht man dasjenige,
dessen Gegenteil ebenfalls zutrifft.«

Wilde, Zeichnung von
Thomas Maitland Cleland (1884).
Wenn er Geschichten erzählte,
machte er oft den Eindruck,
als schliefe er fast.

Der Saal des Gerichts

* * *

Oscar Wilde bemerkte einmal, es sei Pflicht jedes Vaters, Märchen für seine Kinder zu erfinden. Und wann immer er der Spiele im Kinderzimmer der Tite Street überdrüssig wurde, unterhielt er seine beiden Jungen mit Geschichten. Mit Abenteuern im Stile Robert Louis Stevensons, den irischen Volksmärchen, die ihm seine Eltern erzählt hatten, sowie sämtlichen seiner berühmten Feenmärchen. Eines Abends, nachdem Wilde die Geschichte vom »selbstsüchtigen Riesen« zum Besten gegeben hatte, merkte sein Sohn Cyril, dass ihm Tränen in den Augen standen. Als er ihn fragte, weshalb er weine, erklärte Wilde, wahrhaft Schönes bringe ihn immer zum Weinen.

Wildes jüngerer Sohn Vyvyan erinnerte sich später, dass der Vater ihm und dem Bruder Hunderte von Märchen erzählt habe. So auch eines über Feen, die in den großen Flaschen mit gefärbtem Wasser lebten – welche die Apotheker in ihre Schaufenster zu stellen pflegten – und die des Nachts in der verlassenen Apotheke herumtanzten und Pillen drehten.

Zwar vermochte Vyvyan keine einzige dieser Geschichten vollständig zu erinnern, meinte jedoch, Wilde habe ihnen viele jener komplizierten Fabeln vorgetragen, die er später als »Prosagedichte« niederschrieb. Und obgleich er und sein Bruder diese nur selten verstanden hätten, seien sie dennoch stets verzaubert gewesen. Es ist daher sehr wahrscheinlich, dass Wilde seinen Söhnen auch die Geschichte vom »Saal des Gerichts« erzählt hat, die auf

dem traditionellen irischen Volksmärchen »Die Seele des Pries-
ters« beruht, das Wildes Mutter in eines ihrer Bücher zur irischen
Folklore aufgenommen hatte.

*

Und es herrschte Stille im Saal des Gerichts. Und nackt
trat die Seele des Mannes vor Gott.

Und Gott öffnete das Lebensbuch des Mannes und
sprach: »Böse war dein Leben, fürwahr. Und da du all dies
getan hast, werde ich dich geradewegs in die Hölle schicken.«

Da schrie der Mann auf: »Du kannst mich nicht in die
Hölle schicken!«

Gott fragte: »Aus welchem Grunde kann ich das nicht?«
Und der Mann erwiderte: »Weil ich seit jeher in der Hölle
lebe.«

Schweigen senkte sich über den Saal des Gerichts.

Und Gott sprach zu dem Manne: »Da ich sehe, dass ich
dich nicht in die Hölle schicken kann, schicke ich dich
eben in den Himmel.«

Da versetzte der Mann: »Du kannst mich nicht in den
Himmel schicken!«

Gott fragte: »Aus welchem Grunde kann ich das nicht?«
Und der Mann erwiderte: »Weil ich ihn mir niemals habe
vorstellen können.«

Und Schweigen senkte sich über den Saal des Gerichts.

Die Illusion des freien Willens

* * *

*Kindern gegenüber erwies sich Oscar Wilde als ein wunderbarer
Geschichten- und Märchenerzähler, und vielen derer, die ihn in
der Kindheit hörten, prägte sich dieses Erlebnis (wenn auch nicht
in allen Einzelheiten) für den Rest ihres Lebens ein. Eine Frau
erinnerte sich an »seine lässige Gestalt, wie er in einem Sessel
lümmelte, seine Miene belebt vom Entzücken über die eigenen
Worte... Er hatte so eine Art, einen anzublicken, als wolle er sich
vergewissern, wie viel Unsinn man ihm noch abkaufen würde; ließ
man dann einen Hauch von Skepsis erkennen, meinte er mit ge-
spieltem Bedauern: ›Sie glauben mir nicht, Miss Nelly? Ich versi-
chere Ihnen, dass es — nun ja — so gut wie — wahr ist!‹«*

*Nie zeigte sich Wilde herablassend gegenüber Kindern, indem
er ihnen etwa »kindische« Geschichten erzählte. Er adaptierte
dieselben Fabeln und biblischen Parabeln für sie, die er auch Dichtern und Politikern vortrug. Und genauso erzählte er Erwachsenen häufig Märchen, in denen sprechende Tiere und mythische
Wesen vorkamen — Erzählungen, durchdrungen von einem Hu-
mor, der in seiner Leichtigkeit und Absurdität etwas Kindliches
besaß. Seine Geschichten seien für alle Kinder zwischen achtzehn
und achtzig erfunden, meinte Wilde einmal; und tatsächlich gelang es ihm, in seinen erwachsenen Zuhörern wieder ein kindliches Staunen zu erwecken. Nach der Erörterung politischer und
philosophischer Fragen während des Essens, saßen sie Wilde dann
beim Kaffee wie verzückte Kinder zu Füßen.*

Wildes Söhne Cyril (links) und Vyvyan.
Auf Kinder wirkte der Meistererzähler
– was wohl niemanden verwundert – wie ein Rattenfänger.

*Die folgende Geschichte ist ein Beispiel für eine Fabel, wie er
sie sowohl Kindern als auch Erwachsenen erzählte. Dem Freund
zufolge, der sie gehört hatte, entwickelte Wilde sie aus dem Steg-
reif, während man sich über die Idee des freien Willens erging.*

*

Es war einmal ein Magnet. Der lebte in der Nähe von
einigen Stahlspänen. Eines Tages verspürten ein paar der
kleinsten Späne unversehens den Drang, ihm einen Besuch
abzustatten. Da die erwachsenen Späne jedoch sehr streng
waren, durften die Kleinen nirgends allein hin. Also ver-
suchten sie, die erwachsenen Späne zu einem gemeinsa-
men Besuch beim Magneten zu überreden.

Als die Erwachsenen von ihrem Plan hörten, gerieten
sie derart aus dem Häuschen, dass sie all ihren in der Nachbarschaft wohnenden Freunden und Verwandten davon
erzählten. Und als dann alle versammelt waren, begann
man zu erörtern, wann genau man nun gehen sollte. Die
kleinsten Späne – inzwischen schon sehr ungeduldig –
schrien: »Warum denn nicht heute?« Einige der Älteren
und Trägeren unter ihnen jedoch waren der Ansicht, es sei
besser, bis zum folgenden Morgen zu warten.

Während alle so durcheinander schwatzten, hatten sie
sich, ohne sich dessen bewusst zu sein, fortwährend auf den
Magneten zubewegt. Und während sie noch darüber strit-
ten, wann sie zu der langen und beschwerlichen Reise auf-
brechen sollten, rückten sie ihm immer noch näher. Der
Magnet, der sie schon eine ganze Weile im Visier hatte,
verharrte währenddessen völlig reglos und, wie es schien,
ohne sie zu beachten.

Je länger aber die Späne die Sache erörterten, umso heftiger wurde ihr Wunsch, den Magneten zu besuchen, bis dann die kleinsten Späne, die das Warten inzwischen schon ziemlich satt hatten, erklärten, dass sie sofort, auf der Stelle gehen würden. Zu ihrem Erstaunen pflichteten ihnen die Ältesten unter den Spänen bei – die man sogar sagen hörte, es sei ihre Pflicht, den Magneten unverzüglich aufzusuchen. Und während sie so redeten, kamen sie dem Magneten näher und näher, ohne sich dessen auch nur gewahr zu werden.

Schließlich setzten sich die kleinsten Späne durch, und laut riefen alle Späne wie aus einem Munde: »Es hat keinen Sinn, zu warten! Wir gehen heute! Wir gehen jetzt gleich!« Sodass sie in geschlossener Formation durch die Luft sausten und es keine Sekunde dauerte, bis sie an den Seiten des Magneten klebten.

Da erhellte ein Lächeln das Gesicht das Magneten, und er begann leise in sich hineinzuglucksen. Denn selbst jetzt, da die Späne so fest an seinem Körper hafteten, dass sie nicht zur geringsten Bewegung im Stande waren, war ihrer Unterhaltung zu entnehmen, dass sie sich immer noch einbildeten, sie besuchten ihn allein auf Grund eigener freier Willensentscheidung.

Die Rose der Infantin

* * *

Ein Mann, der im Stande sei, eine Londoner Tafel zu dominieren, meinte Oscar Wilde einmal, der sei auch in der Lage, die Welt zu beherrschen; doch werde er keinen Erfolg dabei haben – fügte er bei anderer Gelegenheit hinzu –, wenn ihn die weiblichen Mitglieder der Gesellschaft nicht dabei unterstützten. Vielleicht erklärt dies, weshalb Wilde einen großen Teil seiner Zeit darauf verwandte, adlige Damen mit seinen Märchen zu bezaubern.

Sämtliche Geschichten aus Wildes zweitem Märchenband House of Pomegranates (1891) waren den Society-Gastgeberinnen, denen er sie erzählt hatte – als »kleine« Erwiderung ihrer Gastfreundschaft – gewidmet. In einem typischen Begleitbrief zu einem Kurzgeschichtenband schrieb Wilde an eine dieser Frauen: »Ich schicke Ihnen ein Büchlein, welches eine Geschichte – das heißt, eigentlich zwei – enthält, die ich Ihnen damals auf Taplow erzählte…«

Keine dieser Frauen schrieb eine der Wilde'schen Geschichten auf; doch zum Glück erzählte er auch anderen Freunden Märchen. Während eines Besuchs in Cambridge im Jahre 1885 etwa trug Wilde anlässlich eines Abendessens mit ein paar Studenten »The Happy Prince« vor. Sein Publikum schien derart hingerissen, dass er – auf sein Zimmer zurückgekehrt – beschloss, die Erzählung niederzuschreiben.

Eine Variante des »Geburtstags der Infantin« erzählte er einer Freundin. Leider konnte die sich nur die folgende Zusammenfas-

*sung in ihr Tagebuch notieren. »(Wilde) erzählte mir übrigens«,
schrieb sie, »eine ganze Geschichte über die Infanta von Velásquez
aus dem Louvre – mit der rosa Rose in der Hand. Er war richtig
versessen darauf, die Geschichte dieser Rose zu erfahren, und fand
sie in nächster Nähe, im Porträt eines Zwerges.«*

✳

Und als der Zwerg vor dem Hofe tanzte, zog die Prinzessin, die herzlich über seine groteske Erscheinung gelacht
hatte, eine rosa Rose aus ihrem Haar und warf sie ihm
scherzend zu. Dann befahl sie ihm, noch am selben Tage
ein zweites Mal für sie zu tanzen.

Der Zwerg aber, der sein ganzes Leben im Wald zugebracht hatte und sich seiner Hässlichkeit in keiner Weise
bewusst war, nahm die Sache ernst. Und als er sich, die rosa
Rose in der Hand, vom Palast entfernte, erfüllte ihn der
Gedanke, die schöne Prinzessin habe sich in ihn verliebt,
mit Entzücken.

Als er später am Nachmittag zum Palast zurückkehrte,
betrat er – wie der Zufall es wollte – einen Saal voller Spiegel. Obwohl er einige Augenblicke lang sein Spiegelbild in
keinem der Spiegel zu erkennen vermochte, ging ihm
schließlich, zum ersten Mal in seinem Leben, die Scheußlichkeit seines missgestalteten Körpers und die Hässlichkeit seines Gesichts auf. Und mit einem wilden Verzweiflungsschrei stürzte er zu Boden.

Nach einer Weile betraten die Prinzessin und ihre
Freunde den Spiegelsaal. Sie erblickten den Zwerg, erinnerten sich des Vergnügens, das ihnen seine Possen bereitet hatte, und drängten ihn zu tanzen. Doch stumm und

reglos blieb der Zwerg am Boden liegen. Und als die Freunde der Prinzessin endlich begriffen, was geschehen war, sprachen sie zu ihr: »Er ist gestorben – an gebrochenem Herzen gestorben.« Worauf die Prinzessin dem Zwerg den Rücken zukehrte und hochmütig verkündete: »So sollen jene, die mich lieben, von nun an kein Herz mehr haben.«

Das Antlitz der Seele

***

Frank Harris gab häufig Lunchpartys in seinem Haus in der Park Lane oder im Claridge's in London. Er lud Künstler, Mitglieder der königlichen Familie, Aristokraten und Schriftsteller ein; und einer von ihnen notierte seine Eindrücke von einem Lunch, bei dem auch Wilde zugegen war. Zunächst unterhielten sich die Gäste mit ihren Tischnachbarn, doch im allmählichen Fortgang des Mahls waren Wildes ansteckendes Gelächter und seine musikalische Stimme immer deutlicher zu vernehmen, während sie einer nach dem anderen verstummten, um ihm zu lauschen.

Es verstrich eine Stunde und dann noch eine, während Wilde Geschichte um Geschichte zum Besten gab. Er erzählte humoristische Anekdoten, Grauen erregende, von Edgar Allan Poe inspirierte Schauergeschichten wie die folgende, Handlungsstränge von Stücken, die er zu schreiben beabsichtigte, und auch jene biblischen Geschichten, die Harris später als Poems in Prose *im* Fortnightly Review *(1894) veröffentlichte. Und zeigte er schließlich mit einer weichen Handbewegung an, dass er zu Ende war, waren seine Zuhörer überzeugt, dass jedes weitere Gespräch einer Antiklimax gleichkäme und scharten sich um ihn, um ihn zu beglückwünschen.*

Wildes Vorträge anlässlich dieser Mittagsgesellschaften (die zuweilen von zwei Uhr nachmittags bis neun Uhr abends dauerten) waren nicht ganz so mühelos, wie sie erschienen. »Ich musste jeden einzelnen Nerv anspannen«, gestand er Freunden im Nach-

*hinein, und an Harris schrieb er: »Bei Ihren Mittagsempfängen…
wurde, was von den Gästen übrig blieb, zusammen mit den Trüm-
mern des Festschmauses entsorgt. Oft habe ich mit Ihnen in der
Park Lane zu Mittag gespeist und dann feststellen müssen, dass
ich der einzige Überlebende war.«*

*

In seiner ausschweifenden Jugend erblickte ein Mann
ein Wesen, das sein Antlitz vor ihm verbarg, und der Mann
dachte bei sich: »Ich will es zwingen, mir sein Gesicht zu
zeigen.« Doch als er das Wesen verfolgte, ergriff er die
Flucht; und er verlor seine Spur und setzte sein sündiges
Leben fort.

Viele Jahre waren verflossen, als sich der vergnügungs-
süchtige Mann eines Tages in einem großen Saale wie-
derfand, in dem die Tafeln üppig mit Wein und Speisen gedeckt waren. Und in einem Spiegel, der in einer Ecke des
Saales stand, erblickte er jenes Wesen, das er in seiner Jugend verfolgt hatte.

»Diesmal wirst du mir nicht entkommen!«, rief er aus,
doch das Wesen versuchte erst gar nicht, ihm zu entfliehen, und auch sein Gesicht verbarg es nicht mehr. »Sieh
her!«, schrie es. »Dann wirst du begreifen, dass wir uns niemals wiedersehen können, denn dies ist das Antlitz deiner
Seele, und es ist fürchterlich!«

Der Dichter

* * *

Große Wirkung erzielte Wilde mit seiner »goldenen Stimme«,
wenn er Fabeln wie etwa »Der Dichter« erzählte. In dramatischen
Augenblicken senkte er sie bis zu einem Flüstern, als wolle er sein
Publikum in ein großes Geheimnis einweihen; und zählte er in be-
schreibenden Passagen Reichtümer und Herrlichkeiten auf, so tat er
dies in würdevoller Monotonie. Auf manche seiner Zuhörer wirkte
der erzählende Wilde geradezu »benommen« (so, als schliefe er
fast). Andere beschrieben ihn als einen Erzähler, der aufmerksam
den eigenen Geschichten nachlauschte und über seine Erfindungen
selber ins Staunen geriet.

In den Rhythmen von Wildes Prosagedichten, seinen langen
Briefen aus dem Gefängnis De Profundis *(1905) und Stücken*
wie Salomé *(1893) wird etwas von jenem majestätischen und mu-*
sikalischen Ton vernehmbar, in dem er seine Fabeln, Märchen und
Bibelgeschichten erzählte. In seinen Kadenzen und Rhythmen ließ
er sich häufig von der King James Bible *inspirieren, einem Buch,*
aus dem er mit Vorliebe lange und aufwändige Sätze zitierte.

Den »Dichter« hat Wilde in mindestens sechs Fassungen er-
zählt, die er seit der Erstkonzeption der Geschichte um 1889 bis
zu seinem Tod im Jahr 1900 häufig wiederholte. (Aus seinen Brie-
fen und einem kürzlich entdeckten handschriftlichen Entwurf
geht außerdem hervor, dass er sie niederschreiben wollte.) In den
meisten Versionen ist der Protagonist Dichter, in anderen dagegen
ein notorischer Lügner oder aber ein Fischerjunge. Manchmal

Der junge Wilde um 1882.
»Man durfte Wilde nicht zu genau nach dem
Sinn seiner Geschichten befragen«,
meinte einer seiner Zuhörer.

fügte Wilde eine Szene ein, in der das enttäuschte Publikum den Dichter zu Tode steinigt; manchmal beendete er sie mit den Worten: »*Dem Dichter ist die Phantasie Wirklichkeit – und die Wirklichkeit ein Nichts.*« *Gewöhnlich aber schloss er mit dem Satz des Dichters,* »*Heute habe ich nichts erlebt*«, *und brach in Gelächter aus, während seine Zuhörer über den Sinn des Gehörten nachgrübelten.*

Von André Gide ist uns ein Beispiel dafür überliefert, wie Wilde den »*Dichter*« *einleitete. Auf seine Frage, was Gide am vorausgegangenen Tag gemacht habe, erhielt Wilde eine Antwort, die er ziemlich banal fand.* »*Warum es dann überhaupt erzählen?*«, *fragte er.* »*Sie sehen sicher selbst, dass das alles sehr uninteressant ist. Es gibt nur zwei Welten: eine, die existiert, ohne dass man je von ihr spricht, auch wirkliche Welt genannt… und dann die andere, die Welt der Kunst: Über sie muss man reden, denn täte man es nicht, so existierte sie nicht.*«

»*Der Dichter*« *ist von dem irischen Volksmärchen* »*Der verwirrte Lügenbold*« *inspiriert. Als Wilde dem Künstler Charles Ricketts die folgende Variante erzählte, evozierte er durch eine unmerkliche Drehung des Kopfes das Bild des zurückweichenden Kentauren.*

*

Ein gewisser junger Mann erfreute sich bei den Leuten seines Dorfes großer Zuneigung, denn wenn sie sich bei Einbruch der Dunkelheit um ihn versammelten und Fragen an ihn richteten, erzählte er ihnen stets von den vielen merkwürdigen Begebenheiten, die ihm tagsüber widerfahren waren.

So sagte er etwa: »Ich sah drei Meerjungfrauen am Meeresufer, die ihr grünes Haar mit einem goldenen Kamme kämmten.« Und wenn sie ihn dann beschworen, ihnen doch mehr davon zu erzählen, erwiderte er: »Neben einem hohlen Felsen erspähte ich einen Kentauren, und als sein Blick sich mit meinem traf, wandte er sich langsam ab und entfernte sich, wobei er traurig über die Schulter zu mir zurückblickte.« Und wenn sie mit ihren eifrigen Fragen fortfuhren: »Sag uns! Was hast du sonst noch erlebt?«, so erzählte er ihnen: »In einem kleinen Wäldchen musizierte ein junger Faun auf einer Flöte vor den Waldbewohnern, die zu seinem Spiele tanzten.«

Eines Tages jedoch, als er das Dorf hinter sich gelassen hatte, erhoben sich aus den Wellen drei Meerjungfrauen, die ihr grünes Haar mit einem Goldkamm kämmten, und als sie wieder verschwunden waren, warf ein Kentaur hinter einem hohlen Felsen verstohlene Blicke auf ihn, und etwas später dann, als er an einem kleinen Wäldchen vorüber kam, erblickte er einen Faun, der auf seiner Flöte den Waldbewohnern vorspielte.

Und als sich abends bei Einbruch der Dunkelheit die Dorfbewohner versammelten und sagten: »Erzähle! Was hast du heute erlebt?«, da versetzte er traurig: »Heute habe ich nichts erlebt.«

Der Dichter in der Hölle

* * *

Oscar Wildes Geschichten berührten sein Publikum auf vielerlei Weise. Manchmal fühlte es sich stimuliert, ein andermal bezaubert oder gar verführt. Die Reaktion von Lord Alfred Douglas, der vermutlich mehr Wilde'sche Fabeln zu hören bekam als jeder andere, lässt uns etwas von Wildes Macht über seine Zuhörer, seiner fast magischen Wirkung erahnen. Wilde, so bemerkte Douglas einmal, könne jeden verstimmten oder gar körperlich kranken Menschen heilen, indem er sich einfach fünf Minuten mit ihm unterhalte.

Viele, die Wilde erzählen hörten, attestierten ihm in ähnlichen Worten nahezu wunderbare Kräfte. Der Dichter Ernest Dowson etwa meinte, Wilde strahle derartige Freude und Vitalität aus, dass selbst eingefleischte Pessimisten wie er nicht umhin könnten, sich davon anstecken zu lassen. Frank Harris erinnerte sich, dass Wildes Konversation ihn einst von einem Fieber kuriert habe. Ein weiterer Freund, der unter quälenden Zahnschmerzen litt, hörte dem erzählenden Wilde eine gute Stunde lang zu, um anschließend festzustellen, dass seine Zahnschmerzen verschwunden waren.

Die Wirkung der folgenden Geschichte auf Wildes Publikum war nicht weniger stark, wenn auch nicht ganz so dramatisch: Als sie zu Ende war, verharrten seine Zuhörer eine Zeit lang regungslos. »Der Dichter in der Hölle« entwickelte sich spontan aus einer Kaffeehausunterhaltung, in deren Verlauf Wilde behauptet hatte,

Oscar Wilde,
wie ihn James Edward Kelly 1882 zu Papier brachte.

gewisse Kunstwerke würden – auch wenn man sie in dieser Welt verachte – womöglich in der nächsten große Wertschätzung erfahren. Wilde mag seine Fabeln erzählt haben, um diese Theorie zu illustrieren; genauso gut wäre es aber möglich, dass er die Theorie als Einleitung oder Vorwand für seine Geschichte erfunden hat.

*

In der Hölle, unter der überaus ansehnlichen Gesellschaft von Kavalieren und schönen Damen, Dichtern und Männern der Gelehrsamkeit, die sich dort findet, inmitten der unaufhörlichen Bewegung verdammter Leiber, die sich – um ihrer Seelenpein zu entfliehen – in Zuckungen wanden, saß ganz allein eine Frau und lächelte. So, wie sie beständig den Kopf erhoben und die Augen empor geschlagen hielt, ähnelte sie einer Lauschenden – als riefe eine Stimme aus der Höhe ihr etwas zu.

»Wer ist diese Frau?«, erkundigte sich ein Neuankömmling, den die eigentümliche Schönheit ihres Antlitzes und dessen rätselhafter Ausdruck beeindruckte. »Die dort mit den geschmeidigen, elfenbeinfarbenen Gliedern und dem langen Haar, das ihr über die Arme herabfällt? Weshalb ist sie die einzige Menschenseele hier, die den Blick fortwährend nach oben richtet?«

Er hatte noch nicht zu Ende gesprochen, als sich bereits einer – ein Mann mit einem verwelkten Laubkranz in der Hand – zu einer Erwiderung anschickte:

»Man erzählt«, berichtete er dem Neuankömmling, »auf Erden sei sie eine große Sängerin gewesen, mit einer Stimme, die klang, wie aus klarem Himmel herabstürzende

Sterne. Als der Tod sie holte, nahm Gott ihre Stimme und schleuderte sie hinaus zu den ewigen Echos der Sphären, da sie ihm zum Sterben zu schön dünkte. Und nun hört sie ihre Stimme und erkennt sie wieder, und hat in der Erinnerung daran, dass es einst die ihre war, Teil an der Freude, welche Gott daran findet. Doch sprich sie nicht an! Denn sie glaubt sich im Himmel.«

Als der Mann mit dem welken Kranz seine Rede geendigt hatte und sich zum Gehen wandte, trat ein anderer auf den Neuankömmling zu und sprach: »Nein, das ist nicht ihre Geschichte. Ihre Geschichte geht so: Aus ihrer Schönheit machte auf Erden ein Dichter sein Lied, sodass ihr Name auf ewig mit seiner Dichtung verbunden blieb, und diese Dichtung lebt noch heute auf den Lippen der Menschen. In der Hölle aber hebt sie den Kopf und vernimmt seinen Lobgesang auf sie überall, wo Sprache gesprochen wird. Dies ist ihre wahre Geschichte.«

»Und der Dichter?«, fragt der Neuankömmling. »Hat sie ihn sehr geliebt?«

»So sehr«, versetzte der andere, »dass sie hier in der Hölle täglich an ihm vorüber geht, ohne ihn wiederzuerkennen.«

»Und er?«

Der andere lachte und erwiderte: »Das war der, welcher Euch eben die Geschichte von ihrer Stimme erzählte. In der Hölle erzählt er noch immer dieselben Lügen, die er bereits zu Lebzeiten über sie verbreitet hat.«

Die wertlose Münze

* * *

Den Erfolg von Oscar Wildes Erzählgabe bei Kranken und seelisch Angeschlagenen erwähnten wir bereits; nicht weniger wirksam erwies sie sich bei Trauernden und Sterbenden. Wann immer ein Freund einen Verwandten oder Bekannten verloren hatte, bat Wilde darum, von ihm empfangen zu werden. Nachdem er einen Stuhl neben den des Freundes gerückt hatte, brachte er diesen zunächst dazu, über seinen Schmerz zu reden und letzten Endes dann zum Lachen. »Er begann«, erinnerte sich einer, »alle möglichen Dinge zu erzählen, und ich lachte, obwohl ich geglaubt hatte, nie wieder lachen zu können.« Auch heißt es, Wildes Freund Lord Lytton habe, als er in Paris im Sterben lag, niemanden mehr sehen wollen, Wilde jedoch an sein Krankenbett gebeten, damit er ihm Geschichten erzähle.

Solche Berichte lassen etwas von Wildes Sprachgewandtheit erahnen; und sie bezeugen die unglaubliche Spannweite seiner Persönlichkeit. Obgleich sämtliche Erzählungen seinen Witz und seine leichte Hand verraten, brachten sie die Menschen auch häufig zum Weinen. Die folgende Fabel ist — gerade durch ihre phantastischen und komödienhaften Elemente — typisch für Wildes traurige Geschichten. Eine Variante davon entwickelte sich aus einer Diskussion, in deren Verlauf Wilde behauptet hatte, dass all jene, die Liebesfähigkeit oder Genie besäßen, dazu verdammt seien, vergebens nach einem Menschen zu suchen, mit dem sie diese Gabe teilen könnten.

Häufig improvisierte Wilde Geschichten über Münzen, die man ihm aus dem Publikum reichte. Im Anschluss an eine solche, die er während seines letzten Lebensjahres in Paris erzählte und die von einem König, einer Münze und einem Bettler handelte, soll er gesagt haben: »Ich war einmal ein König, jetzt bin ich Bettler.« Auch erzählte er eine Variante der »Wertlosen Münze«, in welcher der arme Teufel, der die wertlose Münze entdeckt, den König, dessen Bild sich auf der Münze befindet, zum Kampf herausfordert.

*

Es war einmal ein armer Teufel. Der zog, nach jedem sich bietenden Broterwerb Ausschau haltend, landauf und landab. Im Laufe seiner Wanderungen entdeckte er eines Tages eine Goldmünze am Straßenrand, welche das Bildnis eines unbekannten Königs trug.

»Welch ein Glück!«, rief der Mann aus, als er die Goldmünze im Sonnenlicht schimmern sah. »Wie lange schon habe ich nichts Rechtes mehr gegessen!« Und so trat der arme Bursche, stolz das Goldstück in seiner Tasche liebkosend, ins nächste Wirtshaus. Er ließ sich an einem Holztisch nieder und bestellte, so viel er verzehren konnte.

Als die Schüsseln und Gläser abgeräumt waren, zog er mit schwungvoller Geste sein Goldstück hervor und warf es auf den Tisch, um seine Schuld zu begleichen. Kaum aber hatte der Wirt einen Blick darauf geworfen, sah er den armen Burschen stirnrunzelnd an und meinte: »Die Münze ist gefälscht, und der König, dessen Bild sie trägt, ein falscher König.«

Als der arme Mann diese Worte hörte, versetzte er:

»Eine andere Münze habe ich nun einmal nicht, doch will ich mir gleich nebenan eine Arbeit suchen und werde gewiss bald verdient haben, was ich Euch schulde.«

Nachdem er viele Tage lang doppelt so schwer geschuftet hatte wie sonst, hielt der arme Mann Wort und beglich seine Zeche. Und als er bezahlt hatte, schnürte er seine Kleider zu einem Bündel und ergriff einen langen Holzstecken. Dann verließ er besagten Ort und machte sich auf, das Land zu suchen, in dem ihm seine Goldmünze von Nutzen sein würde.

Und indem er sich – nach Möglichkeit – unterwegs verdingte, durchwanderte der arme Teufel die ganze Welt. Durchwanderte Länder, die von der Hitze versengt, und Länder, deren Berge mit Schnee bedeckt waren. Das Land aber, welches er suchte, entdeckte er nicht, und niemals erblickte er das Gesicht des Königs. Denn obgleich ihn seine Reise durch viele Königreiche führte, konnte er das Königreich, in dem der König auf der Goldmünze regierte, nicht finden.

Und wann immer der arme Mann eine neue Stadt erreichte, wies er der um ihn sich scharenden Menge sein Goldstück, und die Leute betrachteten es und sagten: »Deine Goldmünze ist eine gefälschte Münze, und der König, dessen Bild darauf geprägt ist, ein falscher König.« Der arme Mann aber sprach zu ihnen: »Da das Antlitz des Königs von Gold ist, wird er doch gewiss irgendwo regieren.«

Und wann immer der arme Mann eine Stadt verließ, folgte ihm das Gelächter der Menschen. Doch wenn er das Gesicht dann wieder zur Sonne wandte und fortwanderte, erfüllte ihn Freude, und wohin sein Weg ihn auch führte, stets sang er dabei. Denn in seiner Tasche fühlte er das Goldstück und im Herzen Hoffnung.

Immer weiter wanderte der arme Mensch, bis er zuletzt an einen großen Fluss gelangte und sich müde an seinem Ufer niederließ. Es war Abend geworden. Und im dämmrigen Zwielicht erblickte er einen Fährmann, der – eine schwarze Gestalt mit welken Wangen – in seiner Nähe saß. Der Arme rief den Fergen herbei und verlangte, er möge ihn übersetzen. Als Bezahlung bot er ihm seine Goldmünze an. Und zu seinem Erstaunen willigte der Fährmann ein und führte ihn hinunter zu dem Boot.

Kaum aber hatten sich der arme Teufel und der Fährmann in die Barke gesetzt, da begann sie unter ihrem Gewicht zu sinken. Sie sank ins dunkelnde Wasser, und das Herz des armen Mannes zitterte vor Furcht; ins wirbelnde Wasser sank sie hinab, und er sah zum Fährmann hinüber. Und dort, vom Gold der sterbenden Sonne scharf umrissen, erblickte er das Antlitz des Königs auf seiner Goldmünze – jenes Königs, den er überall auf der Welt gesucht hatte.

Und mit einem Lächeln tiefster Befriedigung und der Gewissheit, in ein Land zu reisen, aus dem es keine Wiederkehr geben würde, überließ er sich – da er sich endlich von der Goldmünze getrennt hatte – der dunkelnden Flut.

Unsere Liebe Frau
von den Schmerzen

* * *

Wahrscheinlich hat Wilde die folgende Geschichte während seines triumphalen Parisbesuchs im Jahre 1891 erzählt, wo er von Ende Oktober bis in den späten Dezember hinein Tag für Tag mehrere Stunden hintereinander bei Mittags- und Abendgesellschaften sowie in Kaffeehäusern sprach. Einer französischen Zeitung zufolge ließ er überall Anekdoten und Bonmots fallen, so wie einst Buckingham am französischen Hof Geschmeide hatte fallen lassen.

Als das Ereignis der 1891er Pariser Saison erwarb sich Wilde bald einen Namen als »der Dichter, der phantastische Geschichten erzählt«. Es waren eindeutig die gesprochenen Geschichten, mit denen er die Hauptstadt verführte und eroberte. Bei mehreren dieser Abendessen sollen angeblich Lichtstrahlen von ihm ausgegangen sein; auf einer Zusammenkunft, zu der eine Dame der Gesellschaft, die Prinzessin Ouroussoff, geladen hatte, schrie eine Besucherin auf, da sie glaubte, einen Glorienschein um sein Haupt zu erblicken.

Wildes Gebaren bei einem dieser Pariser Mittagessen wurde uns im Detail überliefert. Nachdem er mit einer Stunde Verspätung eingetroffen war, bat er, man möge alle Läden schließen, die Kerzen entzünden und das malvenfarbene Tischtuch von der Tafel nehmen. Dann bemächtigte er sich mit einem recht makabren Bericht über die diversen Leichenhäuser, die er in den Hauptstädten der Welt besucht hatte, etwas arrogant der Unterhaltung.

Wilde im Jahr 1889.
»Er lebte«, schrieb W. B. Yeats damals,
»im Genusse seiner eigenen Erfindungen.«

Aber diesmal hatte er sich in seinem Publikum getäuscht: Niemand hatte Lust, sich schockieren zu lassen.

Beim Mokka jedoch stellte er nicht nur sein Ansehen wieder her, sondern überzeugte seine Zuhörer auch, etwas zu erleben, das, einem Sakrament oder Wunder nahe kam. »Er berauschte uns mit seinem Lyrismus«, erinnerte sich einer, »seine Rede klang wie eine Hymne.« In einem Salon mitten im lärmenden Paris weinten die Gäste ungehemmt bei der Vorstellung, dass Worte – wie einer von ihnen bemerkte – einen derartigen Glanz entfalten konnten.

*

Am silbernen Saum der Sizilianischen See stand einst ein Kapellchen, Unserer Lieben Frau von den Schmerzen geweiht. Die Fischersleute jenes Landstrichs verehrten sie, brachten ihr – auf dass der Fang reichlich ausfalle – vergoldete Äpfel und Muscheln dar, denn das Gnadenbild war sehr alt und wundertätig.

Eines Mittsommerabends traf der Strahl der untergehenden Sonne das Antlitz der Göttin, und die Augen aufschlagend streckte sie die Hände aus, um ihre Mantelspange zu lösen, in welche die sieben Schwerter der sieben Schmerzen getrieben waren, welche einst ihr Herz durchbohrt hatten. Dann nahm sie den Schleier von der Stirn und weiß und nackt erhob sie sich und verließ ihre Kapelle.

Und siehe! Als sie am silbernen Saum der See entlang schritt, tauchten Nereiden aus den Wellen empor, und eifrige Tritonen bliesen ihr auf blanken Muschelhörnern einen Salut. Aus Wiesen und Wäldern eilten Dryaden und bocksfüßige Faune herbei, und aus den höhlenreichen

Hügeln Kreaturen, die ihr Geschenke brachten. Und Eros, ihr Sohn, kam mit flammenden scharlachroten Flügeln geflogen, um seine Mutter zu umarmen. Und alle jauchzten vor Glück, dass die Schönheit erneut auf die ihrer harrende Erde zurückgekehrt war.

Die ganze Nacht wurde gefeiert. Die Meeresnymphen sangen, und die Kentauren tanzten bis zum Morgengrauen, bis der Hahn dreimal krähte. Da erbleichte die Göttin, entzog sich ihren Verehrern und näherte sich der kleinen Kapelle am Meeresufer.

Vergebens bestürmten die Faune und Dryaden sie, doch zu bleiben; sie hörte nicht darauf – und schlug aufs Neue den Mantel der Gram um die marmornen Glieder. Die Kentauren weinten, ebenso die Tritonen, doch sie achtete ihrer Tränen nicht und schlang sich den Schleier der Trauer um die Stirn.

Und als Eros sie beschwor, ihn doch nicht zu verlassen, beugte sie sich zu ihm hinab und sprach: »Ich muss zurück, woher ich gekommen bin, denn wisse: Ich habe noch einen Sohn, und der hat unendlich gelitten!«

Der Mann, der nur
in Bronze denken konnte

* * *

Der Kritiker Henri de Régnier, der Wilde bei diversen Anlässen in Paris erzählen hörte, notierte sich viel Aufschlussreiches zu den Geschichten des Dichters. Sie seien, meinte er, das perfekte Ausdrucksmittel für Wildes besonderes Genie, da sie es ihm ermöglichten, seine paradoxen, mehrdeutigen und widersprüchlichen Gedanken zu artikulieren. Auch zwei der Strategien, mit deren Hilfe Wilde den Sinn seiner Geschichten im Vagen hielt, fielen ihm auf: Zuhörern, die Wilde nach einer Äsop'schen »Moral« befragten, verweigere er grundsätzlich jede Erklärung; und bei jedem Erzählen variierte er entweder die Einleitung oder den Schluss seiner Geschichten.

»Der Mann, der nur in Bronze denken konnte« illustriert das zweite dieser Verfahren. In der Version, die Wilde André Gide vorgetragen hat, geht es um einen Bildhauer, der nach dem Einschmelzen einer Bronzestatue, die das Sinnbild unendlicher Trauer verkörperte, aus dem Metall eine Statue schafft, die die Freude symbolisiert.

Als Wilde sich jedoch später in De Profundis *wieder auf diese Fabel bezieht, kehrt er ihren Sinn bewusst um. Der Bildhauer verwandelt nun nicht mehr eine Statue der Trauer in eine der Freude, sondern nimmt die Statue der Freude und formt daraus eine der Trauer. Diese erstaunliche Umkehrung ist ein wunderbarer Beweis für Wildes Theorie, dass in der Kunst unter Wahrheit dasjenige zu verstehen sei, dessen Gegenteil ebenfalls zutreffe.*

Lehren kann uns dies nur, mit der Zuschreibung fester Bedeutungen bei Wilde sehr vorsichtig zu sein, da es ihm stets weit mehr um komplexe Schönheit als um schlichte »Wahrheit« geht.

*

Es war einmal ein Mann, welcher nur in Bronze denken konnte. Und eines Tages kam ihm eine Idee. Es war die Idee des Glücks, welches dem Augenblick innewohnt, und der Mann fühlte sich gedrängt, seinem Gedanken Ausdruck zu geben. Alle Bronze der Welt aber war aufgebraucht, und obwohl er überall suchte, fand er nicht ein einziges Stück. Und der Mann fürchtete, wahnsinnig zu werden, wenn er seine Idee nicht zum Ausdruck brächte.

Da entsann er sich des Stückes Bronze, aus dem er das Standbild auf dem Grabmal seiner Frau geformt hatte. Auf das Grab seiner Frau hatte er es gestellt, weil sie die Einzige war, die er jemals geliebt hatte. Es handelte sich um die Statue Unendlicher Trauer, der Trauer, die allem innewohnt. Und der Mann glaubte, wahnsinnig zu werden, wenn er seiner Idee nicht Ausdruck verliehe.

So stellte er sich vor die Statue Unendlicher Trauer, der Trauer, die allem innewohnt. Und er nahm sie und zerschlug sie und schmolz sie ein im Feuer. Und aus der Bronze des Standbilds der Unendlichen Trauer schuf er das Standbild des Glücks, das dem Augenblick innewohnt.

Die Geschichte des Mannes,
der seine Seele verkaufte

* * *

Wenn Wilde sich in Paris befand, erzählte er seine Fabeln in einem farbigen und geschliffenen Französisch, das ebenso kunstvoll und poetisch war wie sein Englisch. Er schwelgte in Archaismen, wählte seine Worte auf Grund ihrer Etymologie und ihres Wortlauts (etwa mit der Endung –âtre) und benutzte so oft als möglich besonders französisch klingende Ausdrücke. Während des Erzählens unterbrach er sich fortwährend, angeblich, um nach dem richtigen Ausdruck zu suchen, tatsächlich jedoch, um die dramatische Wirkung seines Vortrags zu steigern. Einer seiner Freunde behauptete, Wildes gesprochenes Französisch sei ebenso lyrisch und exotisch gewesen wie seine Salomé-Texte; ein anderer verglich seine Sätze mit »juwelenbesetztem Brokat«.

Obwohl die folgende Geschichte sehr viel später als 1891 datiert, haben wir sie auf Grund ihrer Verwandtschaft mit Wildes anderen Fabeln an dieser Stelle eingefügt. »Dies nun«, verkündete er seinen versammelten Freunden, »ist eine Geschichte, die mir eben erst widerfahren ist, und ich weiß noch nicht recht, wie sie ausgehen soll. Aber da ist sie und wartet. Hören wir sie uns doch gemeinsam an, denn ich erzähle sie heute zum ersten Mal.«

Trotz der »dekorativen« Sprache und der kunstvollen Modulation seines Vortrags schien Wilde sehr bewegt, als er die Geschichte erzählte.

*

Ein Reisender gelangte auf seinen Wanderungen in eine große Stadt, als er einen Mann am Straßenrand sitzen sah, auf dessen Antlitz ein Kummer lag, der dem Reisenden unfasslich war. Er trat zu dem Manne und fragte ihn: »Was ist das für ein Kummer, den du vor aller Augen mit dir herumträgst und der so heftig ist, dass er sich nicht verbergen lässt, so tief, dass man ihn nicht zu deuten vermag?«

Der Mann gab ihm zur Antwort: »Nicht ich bin es, der sich so grämt, sondern meine Seele – die ich am liebsten los wäre, denn sie hindert mich an der Befriedigung meiner Begierden, und ich bin ihrer Leid. Aus diesem Grunde ist meine Seele beklagenswerter als der Tod: Sie hasst mich, und ich hasse sie.«

Da meinte der Reisende: »Verkauft Eure Seele an mich, so seid Ihr ihrer rasch ledig.«

»Aber ich kann Euch doch nicht meine Seele verkaufen«, erwiderte der Mann.

»Erklärt Euch nur bereit, sie mir zu ihrem wahren Preis zu überlassen«, versetzte der Reisende. »Dann wird sie zu mir kommen, sobald ich sie dazu auffordere. Jede Seele hat ihren Preis und kann weder über noch unter Wert veräußert werden.«

Da sprach der Mann: »Zu welchem Preis soll ich Euch denn dies wertlose Ding, meine Seele, verkaufen?« Der Reisende entgegnete: »Wenn ein Mensch seine eigene Seele verkauft, so ähnelt er jenem anderen Verräter; folglich sollte ihr Preis dreißig Silberlinge betragen. Später aber, wenn sie dann in andere Hände wechselt, sinkt ihr Wert rasch, denn den Anderen bedeuten die Seelen ihrer Mitmenschen nicht viel.«

So veräußerte der Mann seine Seele um dreißig Silberlinge; sie trat in den Leib des Reisenden ein, und dieser brach auf. Nach einiger Zeit aber merkte der Mann, der nun keine Seele mehr besaß, dass er auch keine Sünde mehr begehen konnte. Obwohl er sich nach Leibeskräften mühte zu sündigen, zeigte die Sünde ihm die kalte Schulter. »Du hast keine Seele«, sagte die Sünde, wenn sie ihn wieder einmal abblitzen ließ. »Was will ich von dir? Von einem Menschen ohne Seele habe ich nichts.«

Da wurde der Mann ohne Seele immer verzweifelter, denn obgleich sich sein Herz nach Lastern verzehrte, blieb es rein; obgleich seine Hände das Verdorbene ergriffen, blieben sie sauber. Und wann immer er seine Finger ins Feuer tauchen wollte, blieben sie kalt wie Eis. Da packte den Mann eine Sehnsucht nach seiner Seele, und auf der Suche nach dem Reisenden, dem er sie überlassen hatte, durchwanderte er die ganze Welt, um seine Seele zurückzukaufen und aufs Neue die Sünde im eigenen Fleische zu schmecken.

Endlich stieß der Mann auf den Reisenden und fragte ihn, ob er seine Seele nicht wiederhaben könne. Als der Reisende die Bitte hörte, begann er zu lachen und meinte: »Ich wurde Eurer Seele bald überdrüssig und verkaufte sie einem Juden für weniger, als ich Euch bezahlt hatte.« »Oh!«, rief der Mann. »Wärt Ihr zu mir gekommen, ich hätte Euch mehr gegeben.« »Das wäre nicht möglich gewesen«, erwiderte der Reisende. »Eine Seele kann zu keinem anderen als ihrem wahren Preis verkauft werden, und Eure Seele besaß, in meine Obhut gegeben, am Ende nur noch geringen Wert.«

Da verabschiedete sich der Mann von dem Reisenden und wanderte, nach seiner verlorenen Seele suchend, aufs Neue durch die Welt. Eines Tages, da er in einer neuen Stadt eintraf, setzte er sich auf den Marktplatz, um sich auszuruhen. Bald näherte sich eine Frau in grün-silberner Robe seinem Sitzplatz und fragte ihn, was ihn denn so bedrücke. »Ich bin traurig«, versetzte der Mann, »weil ich keine Seele mehr besitze und auf der Suche nach ihr die ganze Welt durchwandert habe.«

Da sprach die Frau: »Erst vorgestern habe ich eine Seele gekauft; die ist durch so viele Hände gegangen, dass sie inzwischen fast wertlos ist; ein so armseliges Ding ist sie, dass ich mich gern davon trenne. Dennoch habe ich sie für ein ›Ständchen‹ erstanden; und eine Seele kann nur zu ihrem wahren Preis verkauft werden. Wie soll ich sie also wieder veräußern – denn was wäre wohl weniger wert als ein Ständchen, ein Liedchen? Und es war auch nur ein ganz kurzes, das ich dem Mann, der sie mir verkaufte, bei einem Glas Wein vorträllerte.«

Als der Mann dies hörte, rief er: »Das ist meine Seele! Überlasst sie mir, und ich gebe Euch alles, was ich besitze!«

»Leider«, sagte die Frau, »habe ich nur mit einem Liedchen dafür bezahlt und kann sie nur zu ihrem wahren Preis wieder veräußern. Wie soll ich sie also loswerden –, ob sie schon zum Gotterbarmen schreit und mich beschwört, sie freizulassen?«

Der Mann ohne Seele legte seinen Kopf an die Brust der Frau und hörte die gefangene Seele darin heulen, man möge sie freilassen, damit sie in ihren verlorenen Körper zurückkehren könne. »Fürwahr«, sprach er, »das ist meine Seele! Wenn Ihr sie mir verkauft, gebe ich Euch meinen Körper, denn er ist weniger wert als ein Liedchen aus Eurem Munde.«

So verkaufte die Frau dem Mann um den Preis seines Leibes die nach Befreiung verlangende Seele. Kaum aber hatte der Mann die Seele empfangen, da sprang er entgeistert auf, und ein Schrei wilder Verzweiflung entrang sich seinen Lippen: »Was habt Ihr getan?«, brüllte er. »Was ist das für ein verdorbenes Ding, das da Besitz von mir ergriffen hat? Diese Seele da, die Ihr mir gegeben habt, das ist nicht die meine!«

Da lachte die Frau und sprach: »Bevor Ihr Eure Seele in die Gefangenschaft verkauft habt, war sie eine freie Seele in einem freien Körper. Erkennt Ihr sie nun nicht mehr, da sie vom Umschlagort des Sklavenmarkts zu Euch zurückkommt? Fürwahr, Eure Seele scheint mehr Barmherzigkeit zu besitzen als Ihr, denn sie erkennt Euch wieder und kehrt zu Euch zurück, obwohl Ihr Euren Leib so jämmerlich in die Knechtschaft verkauft habt!«

Und so kam es, dass der Mann auf Kosten seines Körpers jene Seele zurückkaufen musste, die er einstens für dreißig Silberlinge verkauft hatte.

Der Spiegel des Narziss

* * *

Die Wirkung von Wildes Fabeln auf seine Zuhörer war zuwei-
len »sokratischer« Natur – so, als würde er sie aufstören oder sie
zwingen, ihr Leben und ihre Weltsicht neu zu überdenken. Tat-
sächlich wurden viele der Menschen, die Oscar Wilde begegneten,
durch sein Reden verwandelt und lauschten ihm »staunend und
offenen Mundes«, so wie Dorian Gray Lord Henry Wotton. Dies
galt mit Sicherheit auch für Wildes jungen »Schüler« André Gide,
der jedes Mal, wenn Wilde zu einer Geschichte ansetzte, nur auf-
gewühlt in seinen Teller zu starren vermochte. Nach einem der
Wildeschen Erzählvorgänge notierte er sich nur ein einziges Wort
in sein Tagebuch: »WILDE«. Später sollte er bemerken: »Nach
Wilde scheine ich kaum mehr zu existieren.«

Während sie von Restaurant zu Restaurant, von Café zu
Café zogen oder sich in den Ecken überfüllter Salons unterhiel-
ten, hörte Gide viele von Wildes schönsten Geschichten. Gide zu-
folge sparte sich Wilde – obgleich er während der Nachmittags-
und Abendempfänge kaum einmal mit dem Erzählen aufhörte –
die besten Geschichten für kleinere Freundeszirkel oder gar
für ein Ein-Mann-Publikum auf. Und so kam es, dass Wilde
während ausführlicher Diskussionen, die Gides ohnehin schon
schwankenden Glauben an den Protestantismus und die konven-
tionelle Moral untergruben, ihm die Fabeln »Der Schüler« (siehe
Seite 194) und »Der Jünger« (Seite 207) erzählte.

Die folgende Variante, die sich auch mit »Der Spiegel des Nar-

95

ziss« überschreiben ließe, stammt ebenfalls aus den 1890ern. Einmal führte Wilde die Fabel mit folgenden Worten ein: »Sie lauschen mit den Augen... deshalb will ich Ihnen diese Geschichte erzählen.«

*

Als Narziss starb, waren die Blumen auf dem Felde von Schmerz erfüllt und baten den Fluss um Wassertropfen, auf dass sie um ihn trauern könnten. »Wären all meine Wassertropfen Tränen«, erwiderte der Fluss, »ich hatte nicht genug, um Narziss zu beweinen. Ich habe ihn geliebt.«

»Wie hättest du ihn auch nicht lieben sollen?«, meinten die Blumen. »Er war ja so schön.«

»War er das?«, fragte der Fluss.

»Wer wüsste es besser als du?«, versetzten die Blumen. »Da er doch Tag für Tag an deinem Ufer lag und seine Schönheit in deinem Wasser spiegelte.«

»Aber ich liebte ihn doch«, murmelte der Fluss, »weil ich – wenn er sich über mich beugte – in seinen Augen das Bild meiner eigenen Schönheit erblickte.«

BIBLISCHE GESCHICHTEN

* * *

»Meinen Worten fügte man nichts
hinzu, meine Rede troff
auf sie herab.«

HIOB 29,22 (WILDES EPITAPH)

Wilde im Jahr 1892,
porträtiert in der
Illustrated Sporting and
Dramatic News.

Die dreißig Silberlinge

* * *

Oscar Wilde war fasziniert von der Bibel. »Wenn ich daran denke«, bemerkte er, »wie viel Unheil dieses Buch angerichtet hat, gebe ich alle Hoffnung auf, jemals Vergleichbares zu schaffen.« Er besaß eine in prächtiges grünes Maroquinleder gebundene Ausgabe der King-James-Bibel, aus welcher er seinen Freunden lange Passagen zitierte, um anschließend auszurufen: »Wie wunderbar künstlerisch diese Geschichten doch sind!« Salomé und die meisten anderen Stücke, die er in seinen letzten Jahren plante, waren von der Bibel inspiriert; ihre getragenen Rhythmen und Kadenzen hatten einen tiefen Einfluss auf seinen Stil.

Doch es genügte ihm nicht, sich lediglich der stilistischen Effekte der Bibel zu bedienen; er wollte sie — ob in mündlicher oder schriftlicher Form — neu erschaffen. Dies tat er zum einen, indem er von ihm als »unabgeschlossen« empfundene biblische Erzählungen vervollständigte. Wenn er Geschichten wie die der Salome, der Isebel oder des Moses las, hatte er stets das Gefühl, dass bestimmte Einzelheiten fehlten und es seine Pflicht sei, sie durch einen schöpferischen Akt zu ergänzen.

Zum anderen schrieb Wilde biblische Geschichten um, indem er seine eigenen Glossen hinzufügte, die ihren orthodoxen Sinn ins genaue Gegenteil verkehrten. So erzählte er André Gide, dass Jesus seine Mutter nicht geliebt habe, weil sie Jungfrau gewesen sei, oder dass Judas Christus verraten habe, weil »Jeder tötet, was er liebt.« Die folgende Geschichte ist ein klassisches Beispiel für

eine von Wildes genialen »Fehlinterpretationen«; wenn er sie er-
zählte, folgte er dem biblischen Bericht, den wir bei Matthäus fin-
den, bis hin zu dem Vers, in dem Judas sich erhängt. An dieser
Stelle fügte er dann die Unterhaltung zwischen Judas und eini-
gen anderen Jüngern an.

*

Als Judas Jesus an die Hohepriester verraten hatte, warf er die dreißig Silberlinge in den Tempel und ging hinaus aufs Feld, um sich zu erhängen. Auf dem Wege dorthin begegneten ihm einige Jünger, die – da sie seine Qual gewahrten und seine dunkle Absicht erahnten – nach der Ursache seines Jammers forschten.

Und Judas antwortete ihnen und sprach: »Nein, wie erbärmlich und niederträchtig diese Hohepriester doch sind! Zehn Silberlinge boten sie mir dafür, dass ich ihnen Jesus verrate.«

Da fragten ihn die Jünger: »Und? Hast du eingewilligt?«

»Selbstverständlich habe ich abgelehnt. Doch diese Hohepriester sind niederträchtig! Denn gleich boten sie mir zwanzig Silberlinge für den Verrat.«

»Und«, fragten ihn die Jünger erneut, »hast du eingewilligt?«

»Selbstverständlich habe ich es von mir gewiesen. Doch diese Leute sind erbarmungslos! Danach haben Sie mir dreißig Silberlinge geboten.«

»Und«, fragten die Jünger Judas zum dritten Mal, »hast du eingewilligt?«

»Leider ja«, erwiderte da Judas.

»Ah!«, meinten die Jünger und sahen ihn an, »nun begreifen wir, weshalb du dich erhängen willst. Du hast das unschuldige Blut Christi verraten, und diese deine Sünde verdient eine Strafe, die schlimmer ist als der Tod.«

»Aber nein«, versetzte Judas. »Das ist nicht der Grund. Ich gehe aufs Feld und erhänge mich, weil die dreißig Silberlinge, die die Hohepriester mir gaben, gefälscht waren.«

Das Martyrium der Liebenden

* * *

*Die folgende Geschichte erzählte Wilde während eines seiner
zahlreichen Besuche in Oxford. Die Anfängersemester von Oxford und Cambridge stellten mit großer Sicherheit sein Ideal-Pub-
likum dar. Sie seien »so griechisch und liebenswürdig und unge-
bildet«, meinte Wilde; und sie verehrten ihn gänzlich unkritisch
als ihren »Gott«. Häufig wachte Wilde, in der Mitte einer »Jünger«-Schar thronend, die Nächte durch und redete mit ihnen, als
wäre er selbst eine Figur seiner eigenen platonischen Dialoge –
ganz so wie er es als junger Student im Magdalen College getan
hatte.*

*Die Kommentare zweier dieser jungen Männer lassen etwas
von Zauber seiner Rede erahnen. »Ich fand ihn köstlich«, schrieb
der Dichter Lionel Johnson vom New College. »Mit unendlicher
Frivolität ist er über alle hergezogen. Hat über (Walter) Pater gelacht und meine ganzen Zigaretten aufgeraucht. Ich bin völlig hingerissen.« Ein anderer junger Dichter behauptete, dass er – nachdem er Wilde gehört habe – ohne das geringste Zögern einen Mord
begangen hätte, hätte der große Mann dies von ihm verlangt.*

*»Das Martyrium der Liebenden« erzählte Wilde an einem
Abend, der für viele seiner in Oxford verbrachten Abende typisch
war: Er war Ehrengast bei einem Dinner, das Lord Douglas in
seinen Räumen in der High Street gab. Nach jedem Gang gab
Wilde Witze zum Besten und ließ seine mit Goldfilter bestück-
ten Zigaretten herumgehen.*

Am Ende des Essens meinte jemand: »Erzähl uns doch eine Geschichte, Oscar!« Worauf Wilde, wieder ganz charakteristisch, mit der Frage reagierte: »Und was, mein lieber Junge, soll ich euch erzählen?«

Nachdem man ihm das Thema »Frühes Christentum« vorgeschlagen hatte, ließ er seine breiten Manschetten aus den Ärmeln schießen, warf einen Blick über seine Zuhörer und begann mit folgender Erzählung.

*

In jenen Tagen, als die Bürger Roms sich allmählich zum Christentum bekehrten, begannen sich auch einige der reichen Patrizier für das merkwürdige und asketische neue Bekenntnis zu interessieren.

Unter denen, die seine schreckliche Schönheit erkannten, befand sich auch ein Mädchen namens Lydia, das aus großem und altem Hause stammte. Lydias Haar war golden und ihr Leib weiß wie Elfenbein; was Schönheit betraf, so konnte keine der Jungfrauen Roms ihr das Wasser reichen. Tag für Tag wanderte sie in ihren prächtigen, farbenfrohen Gewändern in die ärmlichen, schmutzigen Quartiere, in denen die kleine Gemeinde eifriger Christen hauste, und Tag für Tag nahm ihre Faszination für den Glauben zu. Endlich beschloss sie, entgegen dem wohlmeinenden Rat aller, die sie kannten, die Taufe Christi zu empfangen.

Zur gleichen Zeit nun hatte Lydia die Aufmerksamkeit eines der stattlichsten jungen Patrizier Roms erregt. Aber obwohl Metellus in stürmischer Liebe zu ihr entbrannt war, sah er sich nicht im Stande, ihre Begeisterung für den

103

neuen Glauben zu teilen. Als sie ihm von ihrem Entschluss, Christin zu werden, berichtete, bemühte er sich vergeblich, ihr das, was er als gesellschaftlichen Suizid empfand, auszureden.

Eines Tages dann kam Metellus zu Lydia und bat sie auf Knien, ihrem Glauben abzuschwören, mit ihm mitzukommen und seine Braut zu werden. »Denn Liebe«, sagte er zu ihr, »ist besser als Religion und weiser als alle Glaubenslehren der Welt.«

Doch obgleich Lydias Liebe gewiss nicht geringer war als die des Metellus, ihre Liebe zu Christus war dennoch stärker. Und so erwiderte sie ihm unter Tränen, dass sie ihn niemals heiraten könne, es sei denn, er nehme den neuen Glauben an.

Von brennender Leidenschaft getrieben willigte Metellus schließlich ein, Lydia zu begleiten und sich anzuhören, was die Christen zu sagen hatten. Metellus hörte sie zwar, doch ihre Worte ließen ihn ungerührt, und das Ganze erschien ihm albern und überflüssig. Doch die Liebe zu Lydia loderte so heftig in ihm, dass er sich – da er keinen anderen Weg zu einer Heirat erblickte – ebenfalls zur Taufe entschloss.

Und so waren sie eine Weile glücklich miteinander. Doch bald schon kamen dem grausamen Kaiser die Aktivitäten der Christen zu Ohren, und eine furchtbare Verfolgung setzte ein. Lydia und Metellus wurden gemeinsam mit ihren Glaubensgenossen aus ihrer armseligen Behausung geholt, ins Gefängnis geworfen und in schwere Ketten gelegt.

In der Einsamkeit und Dunkelheit ihrer Zelle begann

Lydia all ihre früheren Entscheidungen zu bereuen. »Vielleicht«, sagte sie sich, »stimmt die ganze Geschichte mit Christus am Ende ja gar nicht; gewiss aber waren die alten Götter nachsichtiger und leichter zufrieden zu stellen. Wie konnte ich nur so töricht sein?«

Und in der Einsamkeit und Dunkelheit seiner Zelle dachte Metellus: »Ich habe ja immer gewusst, dass dieses lächerliche Gerede nur Ärger bringen kann. Doch was nun?«

Schließlich kam der Tag, an dem man beiden mitteilte, man werde sie, sofern sie ihrem Glauben nicht öffentlich abschwüren, im Circus Maximus vor dem versammelten Volke Roms den wilden Tieren zum Fraß vorwerfen.

Angst und Entsetzen ergriff die beiden. Und allein in ihrer Zelle sagte Lydia sich: »Dies alles habe ich über mich und meinen teuren Metellus gebracht. Was soll ich nur tun? Verleugne ich Jesus jetzt, dann wird Metellus, der so inbrünstig an ihn glaubt, voller Verachtung gegen mich sterben, und das könnte ich nicht ertragen.«

Und allein in seiner Zelle sagte sich Metellus: »Was für eine grässliche Geschichte! Auch wenn mir an Christus und seiner absurden Lehre nichts liegt – wenn ich ihn jetzt verleugne, wird meine teure Lydia, deren Überzeugung von ihrem eigenen Glauben und dem meinen unverrückbar steht wie ein Fels, mich für einen Feigling halten und voller Abscheu gegen mich sterben, und dies wäre mir unerträglich.«

Also holte man, als der festgesetzte Tag gekommen war,

Lydia und Metellus aus ihren Zellen und warf sie vor dem versammelten Volke Roms den Bestien vor.

Und so geschah es, dass sie für eine Überzeugung starben, an die sie beide nicht glaubten.

Die Auferstehung des Lazarus

* * *

*Hätte der Schriftsteller Ernest Renan sein »fünftes Evangelium«
Christi nicht bereits Mitte des neunzehnten Jahrhunderts verfasst,
so hätte sich höchstwahrscheinlich Wilde daran versucht. Denn
ganz offensichtlich hatte er derartige Ambitionen; er wollte, wie er
einem Freund gegenüber bemerkte, »das Epos des Kreuzes,
die Ilias des Christentums« schreiben, um »das unverfälschte
Geschenk des christlichen Glaubens, wie er von Jesus gelehrt
wurde – frei von den jahrhundertelangen Ablagerungen frömmle-
rischen Gewächs – (darzustellen) …und das Opfer (Christi) in
neue und brennende Worte zu kleiden.«*

Viele der hier folgenden Geschichten stellen, wie auch De Profundis *und* The Soul of Man *under Socialism (1891), Fragmente
dieses gewaltigen Projektes dar. »In neuen und brennenden Worten« entwerfen sie einen Christus, dessen Leben »das wunder-
barste aller Gedichte« verkörpert, einen Christus, der mit subli-
men Paradoxien und subtilen Parabeln – nicht unähnlich denen
Wildes – den Glauben an Individualismus, Toleranz und Freude
predigt. Es ist höchst interessant, dass Wilde die vier Evangelien
als die »vier Prosagedichte« über Christus bezeichnete. Eine
Äußerung, die es einem nahe legt, seine eigenen Prosagedichte und
biblischen Geschichten als Auszüge aus seinem »fünften Evangelium« zu lesen.*

*Die folgende, André Gide erzählte Geschichte liest sich gewiss
wie eine Passage aus diesem »fünften Evangelium«; es handelt*

sich um eine kühne Umdeutung des johannäischen Berichts von der Auferstehung des Lazarus.

*

Und als Jesus an den Ort kam, da man den Verstorbenen hingebettet hatte, rief er mit lauter Stimme: »Lazarus, komme heraus!« Und der, welcher tot gewesen, trat heraus.

Und als sie endlich die Grabtücher gelöst hatten, in die er noch unlängst gebunden, fiel Lazarus nicht dem, welcher ihn erweckt hatte, zu Füßen, sondern hielt sich schweigend abseits.

Und Jesus trat nahe an ihn heran, senkte seine Stimme zu einem Flüstern und sprach: »Du, der du vier Tage tot warst und nun wieder unter uns weilst, sage mir: Was gibt es dort, jenseits der Schatten des Grabes?«

Lazarus betrachtete Jesus mit tadelndem Blick und sprach: »Warum hast du unwahr zu mir gesprochen, und warum lässt du nicht davon ab, diese Lügen über das Wunder des Himmels und die Glorie des ewigen Gottes zu verbreiten? Denn wisse, Rabbi: Es kommt nichts nach dem Tode, und der, welcher tot ist, ist wirklich und wahrhaftig tot.«

Als Jesus dies hörte, hob er den Finger an die Lippen und sprach mit beschwörendem Blick:

»Ich weiß. Aber sag es nicht weiter.«

Das schmachvolle Ende des Papstes Johannes XXII.

* * *

Viele von Wildes Jüngern hatten ihn während seiner Aufenthalte in Oxford oder Cambridge kennen gelernt. Im Laufe dieser triumphalen Besuche wurden ihm zu Ehren allabendlich Essen veranstaltet. Auf einer der Oxforder Gesellschaften in einer Studentenwohnung an der Saint Giles Street trat Wilde mit ein, zwei Freunden auf den Balkon. Einige Passanten auf der Straße erkannten ihn und begannen – zu seinem großen Missvergnügen – seinen Namen zu rufen. Als Wildes junge Freunde den Lärm hörten, eilten sie sofort hinunter, um die Menge zu zerstreuen und »Wildes Ehre zu verteidigen«.

»Ihr seid wunderbar«, rief Wilde bei ihrer Rückkehr aus. »Ihr seid Giganten – Giganten mit Herz.« Und als Belohnung für ihre Mühen willigte er ein, ihnen die folgende Geschichte zu erzählen, und hob an, sobald alle wieder ihre Plätze eingenommen hatten.

»Vor nicht allzu langer Zeit«, begann er mit einer für ihn typischen Einleitung, »sah ich mich einmal in der Bibliothek eines Landhauses um. Ich griff nach einem moderigen, in Kalbsleder gebundenen Folianten alteuropäischer Geschichte, ... schlug ihn aufs Geratewohl auf, und mein Blick fiel auf den Satz: ›In jenem Jahr fand Papst Johannes XXII. ein schmachvolles Ende.‹ Dies erweckte meine Neugier (doch leider vermochte ich in der Bibliothek und im British Museum keine weiteren Informationen über das Ende des Papstes in Erfahrung zu bringen) und so beschloss ich,

Wilde mit Lord Alfred Douglas in Oxford,
wo Ersterer Erstsemester entzückte und gründlich demoralisierte.

die Wahrheit auf jene einzig denkbare Weise zu Tage zu fördern, auf die man ihr auf die Spur kommt – indem man sie nämlich aus dem eigenen Bewusstsein schöpft.

Es war ein mühevoller Prozess… doch in der Stille der Nacht tat sich mir die Wahrheit schließlich kund. Und so sah sie aus…«

*

Der greise Papst – seit langem schon war er kaum mehr als ein lebender Leichnam gewesen – verschied schließlich. Während seines langwierigen Siechtums hatten in Rom die Rankünen grassiert, und das Kardinalskollegium war von bitterem Hader zerrissen. Zu jedem möglichen Kandidaten gab es auch eine Gegenpartei, und keiner von ihnen vermochte die Kardinäle einträchtig hinter sich zu versammeln. Und so entschieden sich die Kardinäle nach dem Tod des Papstes für einen Kompromiss: eine neutrale und gänzlich unbekannte Figur zum neuen Papst zu küren.

Während sie noch erörterten, wen man ernennen könnte, schlug einer der Kardinäle den jungen Priester einer kleinen, wenige Meilen außerhalb Roms gelegenen Dorfkirche vor. Da er intelligent und durchaus stattlich war, kaum mehr als zwanzig Jahre zählte und keinerlei Verbindung zu den in Rom sich bekriegenden Parteien besaß, beschlossen sie seine Ernennung. Und so wurde der junge Mann – kaum dass man ihn nach Rom zitiert hatte – gemäß den Vorschriften und mit sämtlichen umfänglichen Zeremonien, die derartige Ereignisse begleiten, zum Papst ausgerufen. Er wählte den Namen Papst Johannes XXII.

In jenen Tagen aber führte ein Papst kein abgeschiedenes Leben hinter den Mauern des Vatikan, sondern verkehrte ungezwungen in der römischen Gesellschaft und gab sich den hier üblichen reizenden Vergnügungen hin. Da das heiße Blut der Jugend durch Papst Johannes' Adern pulste und er häufig mit den schönsten Frauen der Hauptstadt zusammentraf, nimmt es nicht wunder, dass er sich auch leidenschaftlich verliebte.

Die Dame, welche sein Herz eroberte, war die junge Gattin eines bejahrten römischen Aristokraten. Ihr Haar war dunkel wie Hyazinthenblüten, ihre Lippen rot wie die Rose. Zu Beginn wies die Dame die Huldigungen des charmanten und jugendlichen Papstes noch zurück, doch bald war ihr Herz gewonnen, und jäh erwachte eine große Liebe zwischen ihnen. Zunächst liebten sie einander mit sterblicher Liebe, der Liebe der Seele zur Seele, dann mit ewiger, unsterblicher Liebe, der Liebe des Leibes zum Leib. In Rom selbst gab es dazu nur wenige Gelegenheiten, denn neugierige Augen beobachteten sie unausgesetzt, und die Zunge des Skandals schwieg niemals still. So beschlossen sie, sich an einem abgeschiedenen Ort, fern von Rom, zu treffen.

Wie der Zufall es wollte, besaß der Gatte der jungen Dame wenige Meilen außerhalb Roms ein kleines, mit einem schönen Obsthain versehenes Landhaus. Welcher Ort hätte sich besser für ihre Zusammenkünfte eignen können? Die Dame überließ Papst Johannes den Schlüssel eines Hinterpförtchens, das sich zum Obstgarten hin öffnete, und sie einigten sich auf Tag und Stunde ihres Stelldicheins.

Am verabredeten Tag legte Papst Johannes bereits in aller Frühe das farbenprächtige Festtagsgewand eines römischen Edlen an, bestieg seinen Hellbraunen und ritt frohlockenden Herzens ins herrliche Land hinaus. Kam er durch ein Dorf, hielten die Bauern auf den Äckern in ihrer Arbeit inne, um ihn anzustarren, und ritt er durch den Wald, so schienen die Vögel in den Bäumen seine Liebe zu besingen.

Nach einem Ritt von nur wenigen Meilen aber erblickte er in der Ferne das Kirchlein, dessen bescheidener Pfarrer er unlängst noch gewesen war. Und da er den unwiderstehlichen Drang verspürte, ihm einen Besuch abzustatten, entschied er sich zu einem kleinen Umweg. Schließlich war es noch immer sehr früh am Tage, und er hatte reichlich Zeit zur Verfügung.

Er näherte sich der kleinen Kirche und band sein Pferd fest. Doch dann ergriff ihn ein merkwürdiges Verlangen. Er hatte auf einmal Lust, das purpurne Priestergewand anzulegen und sich in den Beichtstuhl zu setzen, wie so viele Male zuvor. Und so warf er sich, kaum hatte er das leere Kirchlein betreten, die Gewänder über und nahm hinter dem Gitter Platz. Dort sitzend, begann er über die denkwürdigen Wechselfälle des Schicksals nachzugrübeln, dachte an seine außerordentliche Erhebung ins päpstliche Amt und die Freuden, die seiner an diesem Tage noch harrten.

Während er so seine Betrachtungen anstellte, flog plötzlich die Türe auf, und ein Mann, dessen Gesicht zur Hälfte von einer Maske verdeckt war, betrat in einem Zustand höchster Erregung die Kirche. Seine Tracht ließ erkennen, dass es sich um einen schon bejahrteren römischen Aristokraten von einiger Bedeutung handeln müsse. Er steuerte direkt auf den Beichtstuhl zu und umklammerte das Gitter mit Händen, die seine Qual verrieten.

»Vater«, sprach er mit gebrochener Stimme, die den Papst seltsam vertraut anmutete, »ich muss Euch etwas fragen.«

»Sprich, mein Sohn«, versetzte Papst Johannes. »Was wünschst du zu wissen?«

»Gibt es«, fragte der Mann, »eine Sünde, die so groß ist, dass Christus sie nicht zu vergeben vermag?«

»Nein, mein Sohn, eine solche Sünde gibt es nicht«, antwortete der Papst. »Doch sage mir: Welches schlimme Vergehen veranlasst dich, mich dieses zu fragen?«

»Noch habe ich nichts Derartiges getan«, erwiderte der Mann, »doch stehe ich im Begriff, eine so entsetzliche Sünde zu begehen, dass ich fürchte, nicht einmal Christus selbst könnte mir Absolution dafür erteilen: Denn ich beabsichtige, seinen Stellvertreter auf Erden, Papst Johannes XXII., zu töten.«

In einem Tonfall, der sein Entsetzen verbarg, erwiderte Papst Johannes: »Sogar von dieser Sünde könnte Christus dich lossprechen.«

Mit großer Erleichterung erhob sich der Mann und eilte davon. Papst Johannes – der sich nur langsam von dem Schrecken erholte, den die Worte des Mannes in ihm ausgelöst hatten – legte die purpurnen Gewänder ab, bestieg sein Pferd und ritt zu dem Obsthain, in dem ihn seine Geliebte erwartete. Endlich hatte er das Hinterpförtchen des Gartens erreicht, öffnete es mit dem Schlüssel, den ihm seine Geliebte gegeben hatte, und trat ein.

Und dort auf dem sonnenbeschienenen grünen Rasen, auf einer Lichtung zwischen weiß blühenden Bäumen stand seine Dame, und aus ihren Augen strahlte ihm das Licht der Liebe entgegen. Ein leiser Schrei entfuhr ihren Lippen, sie lief auf ihn zu und warf sich in seine ausgebreiteten Arme. Doch während sie einander noch in erster leidenschaftlicher Umarmung umfangen hielten, löste sich jäh eine Gestalt aus dem Schatten der Bäume und stieß Papst Johannes einen Dolch in den Rücken. Ein lautes Stöhnen entrang sich der Brust des Papstes, als er zu Boden sank.

Er blickte auf, hob – als er in seinem Angreifer den Mann aus der Kirche wieder erkannte – die Hand und sprach die letzten Worte der Absolution:

»*Quod ego possum et tu eges, absolvo te.*«*

Und so geschah es, dass Papst Johannes XXII. eines schmachvollen Todes starb.

---

* »Gemäß meines Vermögens und deines Bedürfnisses spreche ich dich los von deinen Sünden.«

Die Versuchung des Eremiten

* * *

Die folgende Geschichte erzählte Wilde während eines Abendessens, zu dem der amerikanische Verleger J. M. Stoddart geladen hatte und bei dem auch Sir Arthur Conan Doyle anwesend war. Obwohl Wilde die anderen Gäste weit überragte, habe er − wie Conan Doyle später meinte − an allem, was gesagt wurde, interessiert gewirkt. Solche Äußerungen waren nicht ungewöhnlich; denn weil Wilde die Bemerkungen seines Publikums aufgriff und zum Ausgangspunkt seiner Geschichten machte, vermittelte er seinen Zuhörern das Gefühl, sie und nur sie allein hätten es vermocht, ihn derart zu inspirieren. »*Die Versuchung des Eremiten*« *ist ein schönes Beispiel für dieses Verfahren, da die Geschichte im Laufe des allgemeinen Tischgesprächs spontan entwickelt wurde.*

Bei Kaffee und Zigaretten erörterten einige der Gäste die zynische Maxime, dass »*uns das Glück unserer Freunde meist mit Unzufriedenheit erfüllt*«*. Wilde, überzeugt davon, dass* »*jeder im Stande ist, einem leidenden Freund Sympathie entgegen zu bringen, es jedoch eines sehr noblen Charakters bedarf, diese auch dem erfolgreichen Freund zu gewähren*«*, leistete seinen Gesprächsbeitrag in Form folgender Geschichte. Für den Mann, der überzeugt war, dass* »*nur geistig Verwirrte Dispute führen müssen*«*, war es typisch, seine Gedanken zum Thema eher in die Form einer Erzählung zu kleiden als dogmatische Behauptungen aufzustellen.*

Als der Teufel einmal die Libysche Wüste durchquerte, gelangte er an einen Ort, wo ein paar kleine Dämonen einen heiligen Einsiedler mit Vorstellungen von den sieben Todsünden quälten. Die Willenskraft des frommen Mannes aber überstieg ihre Fähigkeiten, und mit Leichtigkeit entzog er sich ihren bösen Einflüsterungen.

Nachdem Satan dem jämmerlichen Scheitern der Teufelchen eine Weile zugesehen hatte, trat er hinzu, um ihnen eine Lektion zu erteilen. »Was ihr da tut, ist primitiv«, sagte er. »Wenn ihr mir kurz gestatten wollt...« Sprachs und flüsterte dem heiligen Manne ins Ohr: »Dein Bruder ist zum Bischof von Alexandria ernannt worden.« Sogleich verfinsterte hässlicher Neid das heitere Antlitz des Eremiten.

»So was«, erklärte der Teufel seinen Kobolden, »etwas in dieser Art würde ich euch empfehlen.«

Salomé und der falsche Prophet

* * *

1891 hörte der Schriftsteller Gomez Carillo in Paris Oscar Wilde die folgende Version »seiner« Salomé erzählen. »›Seiner‹ Salomé, sagte ich«, korrigierte Carillo sich später, »doch damit unterlag ich einem Irrtum: Denn es gab zehn, nein, hundert Salomés, die er imaginierte, die er begann, die er wieder aufgab.« Carillo erzählt uns, dass Wilde Salomé zunächst als Erzählung konzipierte, dann als Gedicht und schließlich als Drama; und in der Tat verdankt sich die Niederschrift des Stückes nur einer wunderlichen Verknüpfung von Umständen.

Eines Nachmittags, als er in einem Kaffeehaus einer Gruppe junger Schriftsteller eine neue Version der Geschichte erzählt hatte, kehrte Wilde in sein Hotel zurück, wo er auf seinem Zimmer ein leeres Notizbuch entdeckte. Und es kam ihm, da er nichts Besseres zu tun hatte, der Gedanke, er könne die Geschichte ja ebenso gut als Stück zu Papier bringen. Nachdem er eine Weile geschrieben hatte, wurde er hungrig und ging aus, um sich im Grand Café ein Sandwich zu besorgen.

Sobald er Platz genommen und bestellt hatte, rief er den Dirigenten des Orchesters an seinen Tisch und sagte zu ihm: »Ich arbeite gerade an einem Stück über eine Frau, die mit bloßen Füßen im Blute des Mannes tanzt, nach dem sie sich verzehrte und den sie umgebracht hat. Spielen Sie mir doch etwas, das zu meinen Gedanken passt.« Die daraufhin gespielte Musik war Wilde zufolge so wild und Grauen erregend, dass die anderen Gäste verstumm-

*Salomé, Illustration von Aubrey Beardsley
für Wildes Drama (1894).*

ten und einander mit bleichen Gesichtern anstarrten. Wilde aber kehrte, nachdem er sich die Musik angehört hatte, auf sein Hotelzimmer zurück, um sein Stück zu beenden.

Diese Geschichte – fast ebenso berühmt wie die von Coleridges Niederschrift des Kubla Khan – verrät uns einiges über die Art und Weise, in der Wilde seine Werke zu Papier brachte. Nachdem er sie endlos an Esstischen entwickelt und variiert hatte, schrieb er sie auf, wenn seine Stimmung (mitunter auch der finanzielle Zwang) dies nahe legte.

Mögen Skeptiker den buchstäblichen Wahrheitsgehalt von Wildes Bericht über Entwurf und Abfassung der Salomé auch bezweifeln – es lässt sich nicht leugnen, dass die Form, ja, sogar der Inhalt des veröffentlichten Stücks durch die Umstände und Wildes launenhafte Stimmungen diktiert wurde. Wie alle Wilde'schen Werke wurde Salomé in großer Hast und mit wilder Energie niedergeschrieben, während die Stimmung, in der er das Stück konzipiert hatte, noch anhielt. Wenn Wilde auch übertrieben haben mag, als er über das Notizbuch sagte: »Hätte es nicht da gelegen, es wäre mir im Traum nicht eingefallen« – eine zumindest »symbolische Wahrheit« muss man seiner Äußerung gewiss zuerkennen.

*

In jenen Tagen, als, von den Worten Johannes des Täufers bewegt, eine große Menschenmenge an die Ufer des Jordans gekommen war, um sich taufen zu lassen, erhob dieser seine Stimme gegen Herodes und sprach: »Es ist nicht rechtmäßig, dass Herodes die Herodias zur Frau nehme, denn sie ist das Weib seines Bruders, des Philippus.«

Johannes' Ruhm aber verbreitete sich soweit im ganzen

Lande, dass ein Hochstapler, der von seiner Popularität zu profitieren hoffte, sich seines Namens und seines Gebarens bediente und in Sprechweise und Tonfall des Täufers zur Menge zu predigen begann. Und während Johannes, um dem Zorn des Herodes zu entgehen, ins Gebirge floh, versuchte der Hochstapler – in der Meinung, die Liebe der Menge zu seinem erborgten Namen werde ihn schützen – Herodes im Austausch gegen sein Schweigeversprechen goldene Münzen zu entlocken. Doch Herodes, der nicht mit dem Hochstapler verhandeln wollte, schickte seine Diener aus, ihn zu ergreifen. Und ließ ihn, da er ihn für den Propheten Johannes hielt, ins Gefängnis werfen und in schwere Ketten legen.

Die Amme der Prinzessin Salomé, der Tochter der Herodias und des Philippus, aber war eine Frau, die derselben Gegend entstammte wie der Prophet Johannes. Oft war sie ans Jordanufer hinausgelaufen, um den Worten des Täufers zu lauschen, und war sehr ergriffen von ihnen gewesen. Sie war eine der wenigen, welche erkannten, dass sich ein Hochstapler des Namens und Gebarens Johannes' bedient hatte, und wusste um die Täuschung, welcher Herodes aufgesessen war. Fortwährend sprach sie ihrer jungen Herrin vom Propheten, und nach einer Weile erzählte sie ihr auch von Herodes' Irrtum.

Als der Jahrestag von Herodes' Geburt herangerückt war und er mit Vasallen und Hauptleuten zu Abend speiste, tanzte die kleine Prinzessin Salomé vor den Geladenen. Unschuldig und keusch wirbelte sie vor ihnen herum und spürte mit freudiger Erregung, wie sie vor Ekstase am ganzen Leibe zitterte. Sie trug ein weißes, perlenbesticktes

Musselinkleid, und ihre über den Teppich huschenden, nackten Füßchen glichen weißen Tauben. Als Herodes sie tanzen sah, schwor er, ihr alles zu geben, was sie begehre, und sollte es auch die Hälfte seines Königreiches sein.

Da ging Salomé hinaus zu dem Ort, an dem ihre Mutter saß, und sprach zu ihr: »Was soll ich mir erbitten?« »Das Haupt von Johannes dem Täufer«, versetzte Herodias, denn sie trug ihm etwas nach und hatte ihn schon längst töten lassen wollen. Dann trat Salomé zu dem Platz, an dem ihre Amme saß, und sprach zu ihr: »Was soll ich mir erbitten?« Worauf die Amme, die den Hochstapler bestraft sehen wollte, erwiderte: »Das Haupt von Johannes dem Täufer.« Und so eilte Prinzessin Salomé, mehr um der Amme als um der Mutter willen, rasch wieder hinein vor Herodes und sprach: »Ich wünsche, dass man mir unverzüglich auf einer silbernen Schüssel das Haupt von Johannes dem Täufer bringt.«

Herodes, der Johannes als weisen und gerechten Mann kannte, hörte sie und erschrak. Um seines Eides und der versammelten Gäste willen aber ließ er nach dem Scharfrichter schicken und befahl, dass man ihr das Haupt präsentiere. Als der Scharfrichter der Prinzessin Salomé das blutige Haupt auf der Silberschüssel brachte, wandte sie das bleiche Antlitz furchtsam zur Seite.

Da stieß die Mutter ein stolzes und hochmütiges Gelächter aus, und auf das Haupt in der Silberschüssel hinabblickend sprach sie: »Hochzufrieden bin ich mit meiner Tochter. Hat sie doch diesen Mund, der mir stets nur Verleumdungen entgegen schleuderte, für immer gestopft.«

Später in der Nacht jedoch in ihrer purpurnen Kammer

fand Herodias keinen Schlaf, und sie trat hinaus auf die Marmorterrasse, die im Licht eines blassgelben Mondes lag. Und dort vernahm sie die aus dem Dunst der Sümpfe und den finsteren Gräben zu ihr emporsteigende Stimme jenes, den sie zum Schweigen gebracht zu haben glaubte, und seine Verfluchungen klangen heftiger als je zuvor.

Da erbleichte Herodias und trat in die Kammer des Herodes, der nach dem Weingenuss des Banketts in tiefem Schlummer lag. »Höre!«, schrie sie. »Es ist die Stimme jenes, den wir für tot hielten, er ist aus dem Grabe auferstanden, um uns zu quälen!«

Als aber die Prinzessin Salomé hörte, wie Herodias diese Worte zu jenem sprach, der die Stelle ihres Vaters eingenommen hatte, seufzte sie tief befriedigt in ihrer Kammer auf – und drehte sich auf die andere Seite, um weiterzuschlafen.

*Wilde um 1892. Etwa um diese Zeit schrieb er
an einen Schriftstellerkollegen: »Nun heißt es, vergnügt
und lustig sein bei einer Flasche Wein und neue
Geschichten erfinden, um die Welt zu verzaubern.«*

Die zweifache Enthauptung

* * *

Wildes Einbildungskraft war so umfassend und weitläufig, dass sie offensichtlich jede von Salomes »möglichen Welten« beherbergen konnte. Wie er es sah, konnte Salome sowohl Heilige als auch Hure sein, und jede künstlerische Deutung durfte » Wahrheit« für sich beanspruchen – selbst wenn sie seiner vorigen Variante der Geschichte widersprach. In einigen Darstellungen sind Wollust und Verderbtheit der Prinzessin grenzenlos; in anderen tanzt sie keusch und mit dem Ausdruck der Entsagung vor Herodes, als ob sie einem göttlichen Befehl gehorche. In einer der Wilde zugeschriebenen Geschichten trinkt Salome das Wasser des Jordan, das die Seele des toten Täufers mit sich führt, und wird von der Seele, als diese in ihren Körper eintritt, wundersamerweise geschwängert. In einer anderen Version geht Salome mit Herodias nach Frankreich und tanzt auf dem gefrorenen Wasser der Rhône.

Die folgende Fassung der Salomé *erzählte Wilde im Haus des Schriftstellers Jean Lorrain während eines Essens mit dem Symbolisten Marcel Schwob, dem Literaten Anatole France sowie einigen anderen. Lorrain – fasziniert von Donatellos Gemälde des abgetrennten Kopfes einer unbekannten Frau – hatte sich eine Büste des Kopfes anfertigen lassen und diese in seinem Speisezimmer aufgestellt. Als Wilde sie erblickte, wurde er blass und rief aus: »Aber das ist ja Salomé! Wahrhaftig, ich schwöre es Ihnen!« Den Blick auf die Büste geheftet, erzählte er dann die folgende Geschichte, die er angeblich einem Evangelium entnommen hatte, das kurz zuvor in Nubien entdeckt worden sei. Im Anschluss daran drängten die Gäste ihn, sie niederzuschreiben, und es ist durchaus wahrscheinlich, dass er die als »Die zweifache Enthauptung« betitelte Geschichte noch während seines Aufenthalts in Paris in Angriff nahm, allerdings auch wieder beiseite legte.*

*

Sie war Prinzessin von Judäa und die Nichte der Salomé, der sie in jeder Hinsicht glich. Wie Salomé war sie kapriziös und leidenschaftlich und genauso eigensinnig und schön.

Ein junger Philosoph aus der Stadt Rom, in der Weisheit der Griechen unterwiesen, war ihr Liebhaber. Seine ganze Jugend hindurch hatte ihn Schönheit umgeben, hatte man ihn mit der Milch und dem Honig der Worte Platons genährt.

Als aber ein Apostel Christi kam, um die neue Religion in Judäa zu predigen, lachte der junge Philosoph geringschätzig. Mit genialer Argumentation widerlegte er das neue Bekenntnis zu Leid und Schmerz, und mit begeistertem Lyrismus sprach er von einem Glauben, der auf der innigen Verehrung von Schönheit und Freude beruhte. In der Meinung, ihrem Liebhaber einen Gefallen zu erweisen, erteilte die Prinzessin von Judäa einem ihrer schwarzen Sklaven den Befehl, dem Apostel den Kopf abzuhacken. Und kurz darauf präsentierte sie dem jungen Philosophen auf goldener Schüssel das bluttriefende Haupt.

Als der junge Philosoph das abgeschlagene Haupt auf der goldenen Schüssel erblickte, schauderte er ob dessen

Hässlichkeit und ob der darob verwandten Gewalt. Und nach einer Weile warf er der Prinzessin, um sich für das ihm zugemutete Unbehagen zu rächen, ein eisiges Lächeln zu: »Es wäre mir lieber, Darling, wenn der Kopf auf dieser goldenen Schüssel der deine wäre!«

Als die Prinzessin dies hörte, biss sie sich auf die Lippe, wurde blass und entfernte sich wortlos. Und noch am selben Abend schlug der schwarze Sklave, der den Apostel getötet hatte, auf höchsten Befehl seiner Herrin deren königlichen Kopf ab. Zuletzt trug er ihn dann auf einer goldenen Schüssel in den Garten, wo der junge Philosoph lag und in seinem Platon las.

Nachdem der Philosoph den abgetrennten Kopf seiner Geliebten eine Zeit lang betrachtet hatte, wandte er sich ab und murmelte leise: »Wozu das ganze Gemetzel?«

Dann las er weiter, als wäre nichts geschehen.

Die Enthauptung der
heiligen Salomé

* * *

Oscar Wildes Reaktion auf die »offizielle« Version oder besser ge-
sagt, die Versionen der Salomé war ganz und gar typisch für ihn:
Da die biblischen Schreiber mehrere wichtige Details »ausgelassen«
hätten, sei es seine Pflicht als Künstler, die Geschichte für sie zu
Ende zu erzählen. Ja, gerade die Unvollständigkeit der biblischen
Überlieferung – so seine Behauptung – habe Maler und andere
Künstler gezwungen, jahrhundertelang Träume und Visionen zu
Füßen der Salome aufzuhäufen.

Für die folgende Fassung der Salomé stellt der biblische Bericht
kaum mehr als einen Ausgangspunkt dar; nach den Anfangszei-
len entwickelt Wilde eine Erzählung nach Art der Heiligenleben.
Womöglich war es ja nach Vortrag dieser Salomé, dass der Schrift-
steller Rémy de Gourmont Wilde der Ungenauigkeit und Un-
treue gegenüber der historischen »Wahrheit« zieh. »Das, was
(Gourmont) uns unterbreitete, war die Wahrheit eines Professors«,
meinte Wilde später. »Ich bevorzuge eine andere: meine eigene, die
die Wahrheit des Traumes ist. Von zwei Wahrheiten ist immer die
falschere die wahrere.«

Wie »Die zweifache Enthauptung« wurde auch »Die Ent-
hauptung der heiligen Salomé« in Jean Lorrains Haus erzählt.
Laut Lorrain inspirierte die Büste des abgetrennten Kopfes – auf
deren Hals man geronnenes Blut geschmiert hatte – Wilde aufs
Neue. Auf die Büste deutend versuchte er den anderen Gästen zu
suggerieren, dass es sich hier nicht nur um eine Gipsbüste, son-

dern tatsächlich um das abgeschlagene Haupt der Salome handle, das mit Hilfe von Eis wunderbarerweise über Jahrhunderte erhalten geblieben sei. Jean Lorrain, fuhr Wilde fort, müsse wohl für Salomes Haupt getanzt haben, um seinen Namensvetter Johannes den Täufer zu rächen. Und im Nu kristallisierten sich diese Beobachtungen in Wildes Kopf zu folgender Erzählung.

*

Als Herodes die Prinzessin Salomé den Mund des abgeschlagenen Täufer-Hauptes küssen sah, übermannte ihn Grimm, und schon wollte er seinen Wachen befehlen, sich auf sie zu stürzen und sie unter ihren goldenen Schilden zu zermalmen. Doch als er die flehentlichen Bitten seiner Frau Herodias vernahm, begnügte er sich damit, die Prinzessin aus dem Palast zu verbannen. Und so wandte sie das Gesicht zur Sonne und zog durch die Wüste. Und hauste dort viele Jahre lang – allein und in Acht und Bann.

Als dann, nach geraumer Zeit, Jesus die Wüste durchquerte, in welcher sie lebte, erkannte sie den Einen, den die tote Stimme prophezeit hatte, sah ihn und glaubte an ihn. Doch da sie sich seiner nicht würdig dünkte, folgte sie ihm nicht, sondern wandte sich erneut der Sonne zu und zog – um sein Wort zu verkünden – weiter durch die Wüste. Wann immer sie aber ein Dorf erreichte, predigte sie Christi Frohbotschaft, und wann immer sie eine neue Stadt betrat, sprach sie der Menge von seiner grenzenlosen Liebe.

Immer weiter reiste sie, über Flüsse und über Meere, und als sie die Feuerwüsten durchwandert hatte, gelangte sie zu den Schneewüsten. Eines Tages, als sie einen zugefrorenen See überquerte, brach das Eis unter ihren Füßen. Und als es sie ins eisige Wasser hinunterriss, schnitt ihr eine scharfkantige Eisscholle in den Hals und enthauptete sie auf der Stelle. Im Augenblick ihres Todes aber rief sie die Namen Jesu und Johannes' an. Und alle, die am Fluss vorüberkamen, erblickten auf der silbrigen Schale gefrorenen Eises, die sich um ihren Hals gebildet hatte, das Haupt der Prinzessin Salomé, glitzernd wie eine Blume mit rubinrotem Staubgefäß, über dem ein goldener Glorienschein leuchtete.

Der heilige Robert von Phillimore

* * *

Oscar Wilde war auf unverkennbare und zuweilen geradezu provozierende Weise »irisch«. Im Paris des Jahres 1891 beschrieb er sich gegenüber Journalisten als »Franzose aus Neigung… Ire von Geburt und von den Engländern dazu verdammt, die Sprache Shakespeares zu sprechen«.

Shaw und Yeats verstanden Wildes Irentum, begriffen, dass sein ganzes Leben ein extravaganter keltischer Kreuzzug gegen Bier, die King-James-Bibel, die sieben tödlichen englischen Tugenden und den phantasielosen angelsächsischen Geist war. Ihrer Meinung nach war Wilde »Ire bis ins Mark« – was in vielen seiner mündlichen Erzählungen offensichtlich wird.

Wenn Wilde sich seine Geschichten ausdachte, machte er von dem gewaltigen Vorrat irischer Volksmärchen Gebrauch, die ihm als Kind von seinem Vater und seiner Mutter erzählt worden waren. Viele seiner eigenen Geschichten sind davon inspiriert. In der folgenden Erzählung etwa klingen die Heiligenleben an, die als Teil irischer Folklore überdauert haben; einige von ihnen hat Wildes Mutter in ihrem Buch Ancient Legends, Mystic Charms and Superstitions of Ireland *(1888) wiedergegeben.*

Den »heiligen Robert von Phillimore« erzählte Wilde als milde Satire auf den exzessiven religiösen Eifer seines guten Freundes Robert Ross, der ein Haus in der Upper Phillimore Gardens in London besaß. In einem seiner Briefe spricht Wilde von Ross' »Heiligsprechung«: »Ich aber werde«, schrieb er, »als der

*verrufene Sankt Oscar von Oxford, Dichter und Märtyrer, fort-
leben. Und meine Nische befindet sich direkt unter der des gebe-
nedeiten Sankt Robert von Phillimore, Liebender und Märtyrer – ein Heiliger, der in den* Hagiographa *seiner außerordentlichen Fähigkeit wegen bekannt ist, Versuchungen nicht etwa zu
widerstehen, sondern sie anderen zu bereiten. Dies aber tat er in
der Einsamkeit der großen Städte, in die er sich im verhältnismä-
ßig frühen Alter von acht Jahren zurückzog.«*

*

Es lebte einmal ein Heiliger, den man Sankt Robert von
Phillimore nannte. Nacht für Nacht erhob er sich bei noch
finsterem Himmel von seinem Bette, fiel auf die Knie und
betete zu Gott, Er möge in seiner grenzenlosen Güte die
Sonne aufgehen lassen und die Erde erhellen. Und jedes
Mal, wenn die Sonne dann aufging, kniete Sankt Robert
aufs Neue nieder und dankte Gott für die Gewährung dieses Wunders.

Eines Nachts jedoch schlief Sankt Robert, den die
gewaltige Anzahl der am Vortage vollbrachten besonders
frommen Taten erschöpft hatte, so tief, dass die Sonne bei
seinem Erwachen schon aufgegangen und es längst heller
Tag war.

Einige Minuten verharrte der heilige Robert nach-
denklich und bekümmert, sank dann jedoch unverzüglich
auf die Knie und dankte Gott, dass er trotz des Versäum-
nisses seines Dieners die Sonne habe aufgehen lassen, auf
dass sie die Erde erhelle.

Der Gott, der seinen
Tempel verließ

* * *

Sir William Wilde, der Vater des Dichters, war nicht nur ein be-
rühmter Augenchirurg, sondern auch einer der ersten Volkskund-
ler Irlands. Wenn sich ein Bauer Sir Williams Honorar nicht leis-
ten konnte, bat ihn dieser um Begleichung in Form einer
Geschichte. Später sammelte er die Erzählungen in einem Band
mit dem Titel Irish Popular Superstitions (1852). Nach Sir Wil-
liams Tod setzte Lady Wilde seine Arbeit fort und gab zwei wei-
tere Bücher mit den von ihm gesammelten Legenden, abergläubi-
schen Bräuchen und Zaubersprüchen heraus.

Wilde ergötzte sich an diesen Erzählungen und Legenden; sie
gehörten zum Grundstock seiner Vorstellungslandschaft. Und tat-
sächlich sind die Satzmelodien und Rhythmen der von seinen El-
tern publizierten Erzählungen aus seinen Geschichten herauszu-
hören. Auch in der folgenden klingen sie an, die allerdings ebenso
an die »religiösen« Geschichten der irischen Folklore erinnert, die
man, um es mit Lady Wilde auszudrücken, als »Amalgam aus
heidnischen Mythen und christlicher Überlieferung« bezeichnen
kann.

Wilde erzählte sie im Haus des Künstlers Charles Ricketts,
dem wir die Erinnerung an das Erzählen und Wiederholen all der
Geschichten verdanken, die später als Prosagedichte *veröffentlicht*
wurden. In der vorliegenden nun scheint Wilde zwei seiner Pro-
sagedichte – »Der Meister« und »Der Wohltäter« – verschmolzen
zu haben. Er erzählte sie, während er über den amerikanischen

133

Maler James Whistler sprach, einen Kontrahenten, den er wegen seiner Kunstrezensionen aufs Korn nahm: »Kunst« – so Wilde – »sollte immer geheimnisvoll bleiben… Wie ein Gott darf auch der Künstler niemals von seinem Podest herabsteigen.« Dann lachte er laut auf und fügte hinzu: »Lassen Sie mich Ihnen eine kleine Geschichte erzählen: von einem Gott, der aus Mitleid mit der Welt seinen Tempel verließ.«

*

In einer Straße der Sünde beschwor ein Gott eine Dirne, doch ihr schändliches Leben zu lassen, sie aber achtete seiner nicht, wandte sich einem Rosenbekränzten zu und küsste dessen angemalte Lippen. Und der Lepröse, den der Gott von seinem Aussatz geheilt hatte, folgte ihr und wurde ihr Liebhaber.

Sodann verwandelte der Gott Wasser in Wein, aber die Hochzeitsgäste wollten nicht trinken, wussten sie doch, dass er – als Gott – keine Freude zu schmecken vermochte.

Und als er sich endlich mit Staub bedeckte und mit Dornen krönte, spotteten sie seiner Wunden und wollten ihn nicht töten, weil ein Gott keinen Schmerz empfindet.

Die beste Geschichte der Welt

* * *

Yeats hatte ein Gespür für die ausgesprochen mündliche und vor allem auch irische Natur von Wildes Genie. Er sah in Wilde eher einen plaudernden Erzähler als einen Schriftsteller im skrupulösen und »ernsten« Sinne eines Henry James oder Charles Dickens. Und so erscheint Wilde in Yeats' Memoiren folgerichtig als eine Art altirischer Barde, der – ob durch ein Wunder oder glorreichen Irrtum – in diese spätviktorianische Welt hineingeboren wurde.

Yeats hegte keinen Zweifel, dass Wildes mündliche Werke die schriftlichen übertrafen. Hinter seine gesprochenen Geschichten – so Yeats – setze Wilde die gesamte Wucht seines Intellekts; in seinen geschriebenen Werken hingegen erreiche er Größe nur dann, wenn er sie seiner mündlichen Rede nachbilde. Wenn Yeats später Wilde las, versuchte er immer sich vorzustellen, wie dieser die Geschichten vorgetragen hatte, wie er »mit halbem Bewusstsein darauf achtete, nicht durch Wiederholung eines Effekts irgendein Kind oder ein Grüppchen junger Maler oder Schriftsteller zu langweilen… Um die Geschichten zu genießen«, schloss er, »muss ich mir seine Stimme vergegenwärtigen und aufs Neue diesem unvergleichlichen Plauderer lauschen.«

Auch auf die folgende Fabel reagierte Yeats mit Begeisterung: sie füge unserer Vorstellung von der Welt etwas Neues hinzu. Und er führte »Die beste Geschichte der Welt« mit einer interessanten Anekdote ein. Als er einen Freund Wildes einmal gefragt habe, was der Meistererzähler denn in letzter Zeit getan habe, habe der Mann erwidert: »Oh, er ist sehr melancholisch. Er steht gegen zwei Uhr nachmittags auf, denn er versucht so viel wie möglich vom Leben zu verschlafen, und er hat sich eine Geschichte ausgedacht, die er ›Die beste Geschichte der Welt‹ nennt und die er sich, wie er sagt, nach jeder Mahlzeit sowie vor dem Schlafengehen aufs Neue erzählt.«

*

Aus einer weißen Ebene gelangte Christus in eine purpurne Stadt, und als Er durch die erste Straße schritt, hörte Er Stimmen über sich und gewahrte einen jungen Mann, der betrunken auf einem Fenstersims lungerte. »Was gibst du deine Seele der Trunksucht hin?«, fragte Er. Und der Jüngling erwiderte: »Herr, ich war ein Aussätziger, und Du hast mich geheilt. Was sollte ich sonst tun?«

Beim Weitergehen erblickte Er einen jungen Mann, der einer Dirne nacheilte, und Er fragte ihn: »Was zerstreust du deine Seele in Ausschweifungen?« Der junge Mann erwiderte: »Herr, ich war blind, und Du hast mich geheilt. Was sollte ich sonst tun?«

Schließlich fand er in der Mitte der Stadt einen alten Mann, der weinend am Boden kauerte, und als Er ihn fragte, warum er denn Tränen vergieße, versetzte der Alte: »Herr, ich war tot, und Du hast mich zum Leben erweckt. Was bleibt mir da anderes als Tränen?«

Die Verzweiflung des Nero

* * *

Zwar hat Oscar Wilde The Ballad of Reading Gaol *1898 vollendet und auch noch zwei seiner Stücke überarbeitet, letztlich aber
hat er seit 1897, nach seiner Entlassung aus dem Gefängnis, nichts
mehr geschrieben. Fragte man ihn, was er zu schreiben beabsichtige, so erwiderte er, dass er eines der Stücke, aus denen er ständig
zitierte, zu Papier bringen oder eine seiner Geschichten zu einem
abendfüllenden Drama ausarbeiten wolle. Ein andermal erwähnte*

*Eine Karikatur aus der Zeit um 1892,
die einen zu Höchstform aufgelaufenen Wilde mit Lord Chamberlain zeigt.*

er geplante Essays über Themen wie »The Defence of Drunken-
ness« (Die Verteidigung der Trunksucht) oder »The Effect of the
Colour Blue on Men« (Die Wirkung der Farbe Blau auf den
Menschen) oder aber Gedichte wie »Ballad of a Fisher Boy« (Bal-
lade auf einen Fischerjungen).

    Keines dieser Projekte führte Wilde aus. In vertrautem Kreise
gestand er ein, dass die zwei Jahre Zwangsarbeit seine Vitalität
und Konzentrationsfähigkeit untergraben hätten. »Die intensive
schöpferische Energie«, sagte er, »haben sie mir ausgetrieben.«
Andere Faktoren wie der Verlust der gesellschaftlichen Stellung,
Beleidigungen seiner Feinde und Kränkungen durch frühere
Freunde verschärften das Problem, und ständige Geldsorgen nag-
ten unweigerlich an jener – wie Wilde es nannte – »freudigen
Kraft, auf der die Kunst beruht«.

    Als Unterhalter jedoch war er, den Freunden zufolge, besser
denn je. Bis in seine letzten Tage überschüttete er jeden, der bereit
war, ihm zuzuhören (oder willens, seine Getränke zu bezahlen),
mit seinen genialen Einfällen und konnte das Erzählen einfach
nicht lassen. Einer seiner besten Zuhörer in diesen Jahren war der
Schriftsteller Vincent O'Sullivan. Er erinnerte sich an folgende
Geschichte über Nero. Es handelt sich dabei wohl um einen Versuch, Neros Entscheidung, die Christen zu verfolgen, auf imagi-
nativem Wege zu erklären.

*

Nero musste ja etwas unternehmen, nicht wahr. Sie gaben
ihn der Lächerlichkeit preis. Er selbst dachte sich folgendes:

    Alles hier war in schönster Ordnung, bis eines Tages
zwei unsägliche Gestalten aus irgendeinem Provinznest

eintrafen. Man schimpft sie Peter und Paul oder etwas ähnlich Unerhörtes. Seit ihrer Ankunft ist das Leben in Rom unerträglich geworden. Sie scharen Massen von Menschen um sich und behindern mit ihren Wundern den Verkehr. Es ist wirklich zum Haare ausraufen. Nicht einmal ich, der Kaiser, finde noch Ruhe. Stehe ich morgens auf und blicke aus dem Fenster, sehe ich als Erstes ein Wunder, das in meinem Hinterhof vonstatten geht.

*Eine Karikatur Wildes, die 1894 in Pick-Me-Up erschien.
»Der Lügner«, so Oscar Wilde, »erkennt wenigstens,
dass Unterhaltung und nicht Belehrung das Ziel
der Konversation sein muss.«*

Isebel

* * *

Vor seiner Inhaftierung hatte Wilde die Geschichte Isebels bei zahlreichen Anlässen erzählt. Die Idee zu ihrer Dramatisierung aber kam ihm wohl erst bei der neuerlichen Bibel-Lektüre im Zuchthaus Reading. Nachdem er den Bericht über Isebels Aneignung des Nabotschen Weinbergs in 1, Könige 21 gelesen hatte, gelangte er zu der – für ihn typischen – Schlussfolgerung, dass da etwas ausgespart worden war. Offensichtlich hätte die Königin Isebel seines Stücks eine ganz andere Gestalt werden sollen als das »Flittchen« der biblischen Legende.

Wann immer Wilde die Geschichte erzählte, änderte er sowohl Titel als auch Handlung, bezeichnete sie zuweilen als »Ahab und Isebel«, um sie dann wieder den »Weinberg des Nabot« zu nennen. Nach Vorträgen im Freundeskreis bemerkte er regelmäßig, in seinem Kopf sei das Stück schon fast fertig. Und für die Hauptrolle – das sagte er auch – habe er die französische Schauspielerin Sarah Bernhardt vorgesehen.

Allerdings ist uns weder ein handschriftlicher Entwurf des Dramas erhalten noch irgendetwas von dessen Existenz bekannt. Die folgende Geschichte datiert aus den frühen 1890ern und scheint zu dem Stück, das Wilde in seinen letzten Jahren zu schreiben beabsichtigte, kaum einen Bezug zu haben.

*

Auf ihrer marmornen Terrasse stehend blickte Königin Isebel hinaus über die ansehnlichen Ländereien, welche den Palast umgaben, den Ahab der König erbaut hatte. Sie war in eine Robe aus gewirktem Golde gehüllt, und lange Smaragdschnüre wanden sich um ihre Gestalt, die düsteren Zwielicht glitzerten und funkelten wie grüne Schlangen beim Spiel. Die langen weißen Hände waren mit Edelsteinen geschmückt, das blutrote Haar hing ihr in schweren Flechten zu beiden Seiten des Gesichtes herab. In ihrem Glanz, ihrer tödlichen Schönheit glich sie einem phantastischen Idol.

Sie stieß einen tiefen, schweren Seufzer aus, und Ahab der König sprach zu ihr: »Was seufzest du, o Königin der Schönheit?

Ist denn etwas im Himmel oder auf Erden, das deine Seele begehrt? Besitzest du nicht alles, was es für Goldes zu kaufen gibt und Menschen durch ihrer Hände Arbeit zu fertigen verstehen? Sollte es aber etwas geben, wonach deine Seele verlangt, bin ich dann nicht da, um es dir zu verschaffen? Denn bin ich nicht dein Sklave, o Königin der Schönheit, wenn ich auch der König von Syrien wäre?«

Wie erschöpft von einer großen Müdigkeit und tödlich angewidert von der Sattheit erfüllter Begierden antwortete die Königin mit langsamer, matter Stimme Ahab dem König: »Es ist wahr, o König, ich habe alles, was die Erde zu geben vermag: Edelsteine, Gold und Kleider aus tyrischem Purpur und Silbergewirke – all dies nenne ich mein. Auch besitze ich Marmorpaläste voller Sklaven und Tänzerinnen, voller Rosengärten, Palmen und Orangenhaine, über welchen zur Mittagsstunde schwere Düfte liegen.

Und unaufhörlich ziehen Kamele durch die Weiten der Wüste, mir zur Freude mit Duftwässern, raren und kostspieligen Stoffen und Schätzen beladen. Und jeder Mann auf Erden ist mein Sklave, denn in meiner Schönheit bin ich allmächtig. Sogar du, Ahab, kniest vor mir im Staube – und bist doch der König von Syrien.

Ganz nahe dem Palast aber liegt der Weinberg eines Anderen, in welchem das Gras grünt und weiße Tauben fliegen; dieser, o König, ist die Ursache meiner Seufzer.«

Ahab der König antwortete ihr und sprach: »O seufze nicht Isebel, Königin der Schönheit, denn den Weinberg, in welchem das Gras grünt und die weißen Tauben fliegen, sollst du gewiss erhalten. Ist es doch jener Nabots, meines Herzensfreundes und Standartenträgers, der mir auf dem Felde der Schlacht zweimal das Leben gerettet.«

Und Ahab der König ließ Nabot rufen.

Nabot aber war ein junger Bursche von zwanzig Jahren und bot, da er vor dem König stand, einen liebreizenden Anblick. Und Ahab der König legte die Hand auf Nabots mächtige Schulter und sprach zu ihm: »Nabot, die Königin verlangt es nach deinem Weinberg. Ich will ihn daher mit Goldstücken und wertvollen Edelsteinen auslegen, die sollst du nehmen an Stelle des Landes; oder was immer sonst du dir an Ehren oder Schätzen erwählst, das sollst du haben. Denn die Königin, Nabot, verlangt es nach deinem Weinberg.«

Nabot aber antwortete ihm und sprach: »Nein, mein König. Der Herr selbst hat mir untersagt, das Erbe meiner Väter abzutreten – gleichgültig an wen. Nein, ich darf ihn nicht fortgeben, o König, nicht um alle Schätze der Welt.«

Da sprach Isebel die Königin zu Ahab dem König, und ihre Stimme tönte so leise und sanft wie das Seufzen der Sommerbrise am Abend: »Quäle ihn nicht weiter, o König, denn der Weinberg soll ihm nicht genommen werden. Lass ihn in Frieden ziehn.«

Da ging Ahab hinaus und auch Nabot entfernte sich.

Noch am selben Tage aber ließ Isebel den Nabot zu sich rufen. Und als er vor ihr stand, sprach sie zu ihm: »Komm her zu mir, Nabot, und setze dich neben mich auf diesen Thron aus Elfenbein und Gold.«

Doch Nabot antwortete ihr und sprach: »Nein, Königin, das kann ich nicht, denn dieser Thron aus Elfenbein und Gold ist der Thron Ahabs, des Königs von Syrien, und keiner darf auf dem Throne neben dir sitzen außer dem König.«

Darauf sprach die Königin zu ihm: »Ich bin Isebel die Königin, und ich befehle dir, Platz zu nehmen.«

Und Nabot setzte sich neben sie auf den Thron aus Elfenbein und Gold.

Sodann sprach die Königin zu ihm: »Hier ist ein Kelch, aus einem einzigen Amethysten geschnitten. Trinke aus ihm, Nabot!«

Nabot aber antwortete ihr und sprach: »Nein, es ist der Kelch Ahabs, des Königs von Syrien, und keiner soll daraus trinken außer dem König.«

Da sprach die Königin zu ihm: »Ich bin Isebel die Königin, und ich befehle dir, daraus zu trinken.«

Und Nabot trank aus dem Kelch, der aus einem einzigen Amethysten geschnitten war.

Sodann sprach die Königin zu ihm: »Ich bin sehr schön. Auf dem ganzen Erdenrund gibt es keine Schönere. Küsse mich, Nabot!«

Doch Nabot erwiderte ihr und sprach: »Du bist die Gemahlin Ahabs, des Königs von Syrien, und keiner darf dich küssen außer dem König.«

Worauf die Königin sprach: »Ich bin Isebel die Königin, und ich befehle dir, mich zu küssen.«

Und die Königin schlang ihre elfenbeinfarbenen Arme um Nabots Nacken, sodass er ihr nicht zu entfliehen vermochte. Dann rief sie mit lauter Stimme und schrie: »Ahab! Ahab!«

Und Ahab der König hörte sie wohl, und als er den Saal betrat, erblickte er ihre Lippen auf den Lippen des Nabot und ihre Arme um seinen Nacken geschlungen. Da rammte der König, wahnsinnig vor Zorn, dem Nabot seinen Speer in den Leib, und Nabot stürzte auf den Marmorboden.

Als Ahab der König den Freund seines Busens in seinem Blute liegen sah, verließ ihn der Grimm, und sein Herz wurde von Reue ergriffen.

»O Nabot!«, rief er aus, »Freund meines Busens und Standartenführer, du, der du mir zweimal in der Schlacht das Leben rettetest, habe ich dich tatsächlich mit diesen Händen getötet, und ist das Blut an ihnen deines jungen Herzens Blut? Wäre es doch mein eigenes, Nabot, und läge doch ich hier an deiner Statt!«

Der Gram Ahabs des Königs fraß sich in seine Seele, und

seine Klagen erfüllten die Luft. Doch Isebel, die Königin, lächelte ein seltsam süßes Lächeln und sprach mit einer Stimme so leise und sanft wie das Seufzen der Sommerbrise am Abend:

»Nein, König, deine Klagen sind töricht und deine Tränen vergebens, du solltest lachen. Denn nun ist der Weinberg, in welchem das Gras grünt und die weißen Tauben fliegen, der meine.«

Das Wunder der Stigmata

* * *

»Das Wunder der Stigmata« ist das Musterbeispiel einer münd-
lichen Erzählung, die geniale Adaption einer traditionellen Ge-
schichte, die in einer Reihe sehr unterschiedlicher Fassungen
überdauert hat. In Frank Harris' Bearbeitung ist eine Kurzge-
schichte daraus geworden. Bei ihm bekehrt Paulus, der zum Pre-
digen nach Caesarea kommt, eine Frau namens Judith zum
neuen Glauben. Als Judith ihrem Mann Jeschua Paulus' Worte
wiedergibt, wird dieser ärgerlich und behauptet steif und fest, dass
Paulus Christi Liebesbotschaft völlig missverstanden habe. Da-
raufhin verlässt Judith auf Paulus' Rat ihren Mann, um sich der
christlichen Gemeinschaft anzuschließen. Als sie viele Jahre spä-
ter in ihr Haus zurückkehrt, um Jeschua zu begraben, entdeckt
sie die Stigmata Jesu an seinen Händen. Sie zieht Paulus zu
Rate, der die Stigmata dahingehend deutet, dass Gott sie dem
Leib des sündigen »Ungläubigen« aufgeprägt habe, um der Welt
die glorreiche und triumphale Wahrheit des christlichen Glaubens
zu offenbaren.

Wilde erzählte die Geschichte in den frühen 1890ern seiner
Freundin Adela Schuster. Auch Yeats hat uns eine gekürzte Fas-
sung davon überliefert. Eines Tages hatte ihm Wilde erklärt: »Ich
habe mir da eine christliche Ketzerei ausgedacht.« Und er schick-
te sich an, Yeats eine Variante vorzutragen, die mit folgenden Sät-
zen endete: »Einmal besuchte der heilige Paulus auch die Stadt
(Jesu), und aus dem Viertel der Zimmerleute war Er (Jesus) der

einzige, der nicht zu seiner Predigt erschien. Von da an fiel es den anderen Zimmerleuten auf, dass Er aus irgendeinem Grunde seine Hände bedeckt hielt.« Wenn sich diese Fassungen auch voneinander unterscheiden – Jesus ist in ihnen stets der einzige Mensch auf Erden, der um die Unwahrhaftigkeit des neuen Glaubens und der Auferstehung weiß.

Die folgende Version von »Das Wunder der Stigmata« *erzählte Wilde am Weihnachtsabend 1899, fast genau ein Jahr vor seinem Tod, in einem Café. Während er redete, hielt er die geröteten und geschwollenen Augen halb geschlossen.*

*

Als Jesus am Kreuze hing, trat ein reicher Mann aus Arimathäa mit Namen Joseph zu den Soldaten. Und Joseph bestach die Soldaten mit seinem Gelde und veranlasste sie, den bereits in sauren Essig getauchten Schwamm zu nehmen und ihn stattdessen mit einem Zauberelixier zu tränken, das demjenigen, der davon genoss, das Aussehen eines Toten verlieh. Dann hielten die Soldaten den auf einen langen Speer aufgespießten Schwamm Jesu an die Lippen, und Er öffnete den Mund und trank davon.

Nachdem man Jesu Leib vom Kreuze abgenommen und Joseph von Arimathäa Ihn in das aus dem Felsen gehauene Grab gelegt hatte, weckten Jesu Frauen unter dem Vorwand, man wolle Ihn mit süßen Spezereien salben, ihren Meister aus seinem tiefen Schlummer und befreiten Ihn aus dem Grabe. Er aber suchte, das grausame und undankbare Jerusalem weit hinter sich lassend, in einem unbedeutenden Landstädtchen Zuflucht. Dort nahm Er seinen früheren Zimmermannsberuf wieder auf, und die

Leute staunten ob Seines Geschicks beim Verfertigen von Kreuzen und Krippen.

Nach einiger Zeit nun kam der Apostel Paulus zum Predigen in die Stadt, in welcher Jesus lebte. Und aus der gesamten Bruderschaft der Zimmerleute ging allein Jesus nicht hin, um ihn sich anzuhören – da Er sehr wohl wusste, dass Paulus Seine eigentliche Botschaft verzerren und Lügen über die Auferstehung Seines Leibes verbreiten würde.

Als die anderen Zimmerleute zurückkehrten, waren sie voller Freude und kamen zu Jesus, um Ihm vom Erlöser der Welt zu erzählen. Mit Tränen in den Augen sprachen sie vom Messias, der von seinem eigenen Volke gekreuzigt, vom Christus, dessen Hände und Füße von Nägeln durchbohrt worden seien.

Als Jesus diese Worte vernahm, senkte Er ängstlich den Kopf und verbarg Seine Hände in den Ärmeln Seiner Tunika. Und von diesem Tage an muss es Seinen Zimmermannskollegen wohl oder übel aufgefallen sein, dass Er aus irgendeinem unerklärlichen Grunde fortwährend Seine Hände bedeckt hielt.

Viele Jahre der Arbeit und des Schweigens lebte Jesus dann noch in dieser Stadt, umgeben von Menschen, die Paulus bekehrt hatte. Er war der einzige Mensch auf der ganzen Welt, der um die Unwahrhaftigkeit des neuen Glaubens wusste.

Doch die Zeit verging, und als Er seinen letzten Atemzug tat und die Gefährten kamen, um Ihn zu begraben, entdeckten sie die Wundmale an Seinen Händen und Füßen. Voller Verwunderung knieten sie neben Jesu Leichnam nieder und beteten ihn an als Leib eines Heiligen, und auf die Stigmata hinunterblickend riefen sie: »Seht, unser Bruder ist ein Heiliger in Christi! Es ist ein Wunder. Ein großes Wunder!«

Phil Mays Zeichnung von Wilde aus dem Jahr 1893.
»Mein ganzes Leben lang«, sagte Wilde, »habe ich
nach zwölf Männern gesucht, die nicht an mich glaubten…
bislang habe ich nur elf gefunden.«

Moses und Pharao

* * *

Von der Absicht, die folgende Geschichte zu einem – vorläufig als
Pharaoh *betitelten – Stück zu verarbeiten, sprach Wilde bereits
lange vor seiner Einkerkerung im Jahre 1895. Im Gefängnis jedoch
scheinen seine diesbezüglichen Überlegungen dann konkrete Form
angenommen zu haben. Und bei einem Gespräch mit einem
Freund im Zuchthaus Reading bezog er sich auf dieses Stück, als
er meinte: »Unglaublich ist der König, wenn er Moses zuruft: ›Ge-
priesen sei dein Gott, o Prophet, denn Er hat meinen einzigen
Feind – meinen Sohn – erschlagen.‹ Aber ich benötige (um das
auszuführen) Bücher über Ägypten voller Namen von schönen
Dingen, erlesenem und seltsamem Fleisch für den Festschmaus...«*
Wildes Äußerungen zum Pharaoh *sind typisch für seine Art,
über geplante Stücke zu sprechen. So nämlich, als seien sie in seiner Vorstellung bereits vollständig vorhanden und als müsse er –
ein Mozart der Literatur – sie nur noch zu Papier bringen. Während eines Gesprächs mit Robert Ross und einigen anderen spielte Wilde auf seine Gewohnheit an, aus ungeschriebenen, aber
»vollendeten« Werken zu zitieren. »Es genügt«, bemerkte er,
»dass sie wirklich existieren; dass ich ihnen in der Vorstellung die
Form zu geben vermochte, nach der sie verlangen... Könnte ich,
was ich euch erzählt habe, niederschreiben, könnte ich hoffen, andere so zu interessieren, wie es mir bei euch anscheinend gelungen ist, so würde ich es tun; doch die Welt wird mir nicht mehr
zuhören...«*

Bis zum Ende seines Lebens trug Wilde die Pharaoh-Ge-
*schichte immer wieder vor, unter anderem auch eine Variante, die
er als* »Moses and Pharaoh« *bezeichnete und dem Schauspieler
Edouard de Max erzählte. Gut möglich, dass de Max eine
Version hörte, die der folgenden gleicht und aus derselben Zeit
stammt.*

*

Und indem die Jahre ins Land gingen, geschah es, dass der
alte Pharao von Ägypten starb. Und seine Tochter, welche
das Kind Moses in der mit Pech und Schlamm verklebten
Binsen-Arche aus dem von Krokodilen wimmelnden Fluss
gerettet hatte, wurde gemäß der heiligen Gesetze des Landes Gemahlin ihres eigenen Bruders, des neuen Pharao
von Ägypten.

Und Moses und Aaron traten vor den neuen Pharao, um
ihm die Botschaft des Herrn zu überbringen. Moses warf,
wie ihm der Herr geboten, seinen Stab vor dem Pharao auf
die Erde, und siehe, er bäumte sich auf und ward zu einer
Schlange mit smaragdenen Schuppen. Und als Moses die
Hand ausstreckte, die die Geißel Ägyptens gewesen, ward
sie von Aussatz bedeckt.

Zu dieser Zeit aber hatte es sich begeben, dass Gott alle
Erstgeburt im Ägypterlande erwürgte, vom ersten Sohn
des Pharao, der auf seinem Throne saß, bis auf den ersten
Sohn des Gefangenen im Verlies und alle Erstgeburt des
Viehs.

Und den Tod ihres Sohnes – des Erstgeborenen des
Pharao – beklagend, betrat die Königin den Platz, wo Moses und Aaron vor dem Pharao standen. Und da sie Moses,

die Geißel Ägyptens, erblickte, trat sie vor und sprach zu ihm: »Warst du nicht das Kind, das ich aus dem Fluss voller Krokodile errettete, als ich dich in deiner mit Pech und Schlamm gedichteten kleinen Binsen-Arche fand? Zu jener Zeit herrschte mein verstorbener Vater über das Land. Doch nun ist er tot, und mein Bruder und Herr hat mich gemäß unserem heiligen Gesetze zu seiner Gemahlin genommen – dieser da, einstmals der Freund deiner Jugend, ja, wie ein älterer Bruder für dich, den du jetzt so gewaltig kränkst und mit dem du so stolz verhandelst.«

Als Moses dies vernahm, seufzte er tief, antwortete ihr und sprach: »Ich tat nur, wie der Ewige Gott mir gebot. Dies alles habe ich nach seinem Worte getan.«

Pharao trat zu Moses heran und sprach zu ihm: »Wer ist denn dieser Ewige Gott, dass ich auf seine Stimme hören und das Volk Israel ziehen lassen soll? Ich kenne ihn nicht, diesen Ewigen Gott, doch wahrlich, Moses, ich kenne dich, und seit du das letzte Mal vor mich tratest, ist große Betrübnis über mein Volk und über dieses Haus gekommen.

Bist du zu uns zurückgekehrt, auf dass wir noch mehr weinen und du aufs Neue die Klagen meiner Schwester und Königin vernehmen kannst?«

Und da die Königin wehklagend vor ihm stand, trat Moses, wie um sie zu trösten, zu ihr, doch sie stieß ihn von sich und sprach: »Nur ein Säugling warst du, als ich dich aus dem Fluss voller Krokodile errettete, doch hast du mir nicht jetzt – durch persönlichen Befehl und eigene Hand – mein Kind genommen? Und kam es nicht letztlich so, dass ich, indem ich dich rettete, meinen eigenen

Erstgeborenen tötete? Ja, just so, wie ich ihm das Leben schenkte, nahm ich es auch wieder hinweg. Dessen, und dessen allein bin ich mir gewiss, denn alle enden wir damit, dass wir töten, was wir lieben. Und mag ich nun zu endloser Betrübnis verdammt sein. Schlage mich mit Aussatz, der ja auf deinen Befehl erscheint und verschwindet! Nimm deinen Stab aus totem Holz, Moses, und wirf ihn auf die Erde, auf dass die Schlange, die aus ihm herausspringt, sich in die Luft erhebe und mich beiße!«

Da entgegnete ihr Moses und sprach: »O du, die du mir wie eine Mutter warst, o du, die mich aus einem Fluss voller Krokodile errettete, in deinem Grame kann ich nicht anders, als mit dir zu leiden. Doch wisse: Jeder, der leidet auf dieser Welt, steht im Einklang mit dem Geheimnis des Lebens; denn dieses besteht im Leiden, welches sich in allen Dingen verbirgt. Der Herr schlug deinen Sohn, auf dass Pharao die Macht des Volkes Israel erkenne, und darum wird Pharao das Volk des Herrn ziehen lassen. Und aus demselben Grunde wird vielleicht dereinst ein anderer Sohn, ein Ersehnter, in die Welt hinein geboren.

Allein der Ewige weiß um das Gewicht der Seelen auf den Waagschalen von Leben und Tod – so viel ist gewiss. Doch fasse dies, die große Wahrheit unter allen Wahrheiten: Aus dem Schmerze wurden die Welten errichtet; und jede Geburt – ob eines Kindes, eines Volkes oder eines Sterns – ist von Schmerzen begleitet.«

Und mit der kummervollen Miene tiefer Entsagung rief Pharao Moses und Aaron zu sich und sprach: »Steht auf und ziehet aus aus meinem Volke, ihr und die Kinder Israels, mitsamt euren Ochsen und Mutterschafen.«

Und Moses und Aaron entfernten sich schweigend, und nichts verblieb an jenem Orte als ein Mann und eine Frau, welche weinten – wie so viele Väter und Mütter in jener Nacht.

Zwei Geister am Nil

* * *

*Dass Oscar Wilde während seiner letzten Lebensjahre als der
»Paria des neunzehnten Jahrhunderts« behandelt wurde, ist be-
kannt. Weniger gut dokumentiert sind die Anlässe, die ihn seine
Leiden vergessen ließen. Nach seiner Zuchthausstrafe konnte
Wilde das Alleinsein nicht mehr ertragen. Vor die Alternative
Kloster oder Kaffeehaus gestellt, entschied er sich fürs Kaffeehaus.
Und dort, in diesem Umfeld, das er als den »neunten Kreis des
Boulevards« bezeichnete, war er gelegentlich im Stande, »genauso
lästerliche Reden zu führen und dem Laster des roten Weines zu
frönen«, wie er es vor seinen Prozessen getan hatte. Und so ha-
ben sich aus dieser Zeit viele wunderbare Erzählungen und Fragmente erhalten.*

*Eine ganze Reihe von Wildes Zuhörern schrieb seine Ge-
schichten in einiger Ausführlichkeit nieder. Andere wiederum
konnten sich dagegen nur an einen Titel oder ein grobes Hand-
lungsgerüst erinnern. Eine Frau etwa hatte eine Geschichte über
eine Krankenschwester im Gedächtnis behalten, die den Mann,
den sie pflegt, am Ende umbringt; ein anderer Freund entsann sich
an eine Geschichte mit dem Titel »Das Problem und der Wahn-
sinnige«, war aber nicht mehr in der Lage, sich an die Handlung
zu erinnern.*

*Die folgende Geschichte ist für viele der erhalten gebliebenen
Fragmente von Wildes mündlichen Erzählungen insoweit typisch, als lediglich das paradoxe Ende auf uns gekommen ist.*

Sich an den Ufern des Nils gegenüberliegend, erzählten sich zwei Geister – der eines Mannes und der einer Frau, die beide zu Lebzeiten Heilige gewesen waren – die Geschichte ihrer Erdentage.

Und am Ende der langen Unterredung, nachdem der Geist des Mannes die schmerzliche Geschichte seines Lebens vorgetragen hatte, eines Lebens völliger Selbstaufopferung und Selbstverleugnung, eines Lebens, das in der Glorie des Martyriums seinen krönenden Abschluss gefunden hatte, fasste er noch einmal zusammen und sprach: »Und dieser Leib, dem ich alle natürlichen Freuden versagte, dieser Leib, den ich kasteite und mit Geißeln schlug, dieser elende Leib, den meine Folterer verbrannt und vernichtet haben, dieser abscheuliche Kadaver, der immer mein Feind gewesen – weißt du, was sie damit gemacht haben? Nach meinem Tode haben sie ihn mit Duftölen und Spezereien gesalbt.

Die heilige Kurtisane

* * *

Einen großen Teil der folgenden Geschichte notierte sich Wilde während der Weihnachtstage des Jahres 1893 als Stück in ein Sudelbuch, das er in seinem Schlafzimmer in der Titel Street aufbewahrte. Die Rückkehr von Lord Alfred Douglas aus Ägypten kurz nach Jahresbeginn schien ihn jedoch von seiner Arbeit, der Vollendung des Dramas, abzulenken; er sei — meinte er — nicht im Stande, es noch einmal aufzunehmen, da die Stimmung, in der er es konzipiert habe, verflogen sei.

In den folgenden beiden Jahren jedoch schilderte Wilde oft und mit dem ihm eigenen Enthusiasmus die Handlung des Stücks, das er La Sainte Courtesane *nannte; und auch sonst sprach er wiederholt von dem unvollendeten Werk. »Ja«, erwiderte er einem Freund, der sich nach dem Fortgang der Arbeit erkundigte, »(Die Kurtisane) sagt immer noch herrliche Dinge, doch der Säulenheilige bleibt alleweil stumm. Ich gebe ja zu, dass ihre Äußerungen im Grunde nicht zu beantworten sind. Ich werde seine Erwiderungen wohl mit Sternchen markieren müssen.« Später, im Gefängnis, bemerkte er gegenüber demselben Freund: »(Die Kurtisane) erzählt keine wunderbaren Dinge mehr, die Räuber haben ihren weißen Leib verscharrt und ihre Juwelen fortgeschafft…«*

Nach seiner Entlassung trug Wilde die Geschichte viele Male vor, und zwar unter dem englischen Titel »The Holy Woman« *(Das heilige Weib) oder* »The Woman Covered with Jewels« *(Das juwelenbeladene Weib). Gelegentlich äußerte er auch den Wunsch, die unvollendete Dramenfassung zu Ende zu schreiben. Um ihn darin zu bestärken, ließen ihm seine Freunde das Sudelbuch zukommen, welches Teile des Stückes enthielt. Doch kaum hielt Wilde das von ihm einst als »schönes, farbiges, musikalisches Ding« bezeichnete Dramenmanuskript in Händen, ließ er es in einer Droschke liegen. Ein paar Tage später lachte er schon über den Verlust: Eine Droschke, meinte er, sei genau der richtige Ort dafür. Und so wurde das Stück nie vollendet, und Robert Ross konnte in seinen gesammelten Werken Oscar Wildes nur ein Fragment des Erstentwurfs veröffentlichen.*

Die folgende Version der »Heiligen Kurtisane« wurde Robert Hichens im Laufe des Jahres 1894 als Geschichte vorgetragen. Hichens Fassung ist gewiss nicht die »poetischste« unter den erhaltenen, wurde hier jedoch gemeinsam mit Hichens Beobachtungen sowie Wildes laufendem Begleitkommentar (in Kursivdruck) aufgenommen, weil sie die Person Wildes im Akt des Erzählens mit großer Lebhaftigkeit heraufbeschwört. Auch wird darin etwas von Wildes Einstellung zu seinen Schöpfungen deutlich: Sie waren works in progress, *die sich auf eine Art und Weise weiterentwickelten, die er weder vorauszusagen noch zu kontrollieren vermochte.*

*

Es war einmal ein Mönch, welcher allein in der Thebais hauste, und es war eine berühmte Kurtisane, welche in Alexandria ihrem Gewerbe nachging. Der Mönch war strikter Asket und hegte heiligen Abscheu vor der Sünde. Die Kurtisane, der alle Tugend verächtlich und Keuschheit (vor allem an Männern) lächerlich dünkte, lebte ganz ihren Sinnen und Leidenschaften, dem Luxus und hemmungsloser Wolllust.

Durch Gerüchte, welche sogar in der Wüste im Umlauf waren, erhielt der Mönch Kunde von diesem schönen und schrecklichen Weibe, von ihrer Gewalt über die Männer und ihrer zerstörerischen Macht, der sie aus purer Lust am Bösen frönte. Doch auch an das Ohr der Kurtisane im fernen Alexandria drang Kunde von dem Mönche und erweckte bei ihr zunächst Verachtung, sodann Neugier und schließlich den Wunsch, ihn von seiner lächerlichen Tugend und unmännlichen Heiligkeit abzubringen und zur Ausübung jener fleischlichen Lüste zu bekehren, auf deren Erweckung und Steigerung bis zu Leidenschaft und Raserei sie sich so gut verstand.

In der Wüste dachte sich der Mönch: »Ich will eine Wallfahrt machen nach der großen Stadt und dieser Frau ihre Bosheit ausreden, sie zähmen, bekehren und durch meine Tugend zwingen, sich mir – zum Ruhme Gottes – zu Füßen zu werfen.«

Und in Alexandria dachte die Kurtisane: »Es gibt keinen vom Weibe Geborenen, der mir, sofern ich meine Macht ausspiele, zu widerstehen vermag. Ich will in die Wüste gehen und der Welt zeigen, mit welcher Leichtigkeit eine schöne Frau einen Heiligen in einen Sünder verwandeln kann. Der Mönch soll mein Liebhaber werden.«

Nun ist eine zum Handeln entschlossene Frau schneller mit Taten bei der Hand als ein entschiedener Mann. Und so geschah es, dass die Kurtisane just in dem Augenblicke, als der Mönch zu seiner Reise nach Alexandria aufzubrechen im Begriffe stand, vor der Türe seiner elenden Behausung erschien und Einlass begehrte.

Der Mönch trat ins Freie, und hier, im Sande der Verzweiflung, entspann sich eine Debatte zwischen dem hageren, grimmen und glühenden Asketen und der sinnlichen Verführerin...

In wenigen, mit gewohnter Nonchalance geäußerten Stichworten skizzierte mir Wilde dann das Streitgespräch – wie einer, der sorglos Schätze am Wegrand fallen lässt.

Da beide Gegner halsstarrig waren, zog sich die Debatte in die Länge und blieb letztlich unentschieden. Sie endete so: Als der Mönch der Kurtisane nahe legte, nach Alexandria zurückzukehren und ihr sündiges Leben mit einem heiligmäßigen zu vertauschen, wies sie seinen Vorschlag verächtlich zurück. Woraufhin der Mönch in seiner Hütte verschwand und die Frau vor der verschlossenen Türe stehen ließ.

Hier legte Wilde eine Pause ein, und ich fragte sogleich: »Ist das das Ende? War das alles?«

Oscar Wilde führte – in einer für ihn typischen, einen Coup ankündigenden Geste – die Hand zum Mund. Doch das Lächeln, zu dem sich seine Lippen verzogen, verbarg sie nicht gänzlich.

»Nein. Folgendes geschah...«

In der scheinbar ergebnislos verlaufenen Debatte war es nämlich sowohl dem Mönch als auch der Kurtisane gelungen, den jeweils anderen zu bekehren. Und als die Kurtisane an die Tür klopfte, um dem Mönch zu sagen, dass sie jenem – ihr nun verhassten – Leben den Rücken kehren werde, öffnete ihr der Mönch, trat heraus und rief: »Nimm

mich mit nach Alexandria. Ich habe ja noch gar nicht gelebt. Habe das Leben nie erfahren. Lehre mich leben – mit
dir!«

»Und dann?!«

»Dann, dann« – *die zum Mund geführte Hand winkte nun
ab* – *»Sie werden wohl die Wohnungen getauscht haben. Sie blieb
in der Wüste, und er brach alleine nach der fernen Metropole auf.
Ich habe das alles nicht ausgearbeitet. Die Pointe dabei ist, dass
in ein und derselben Debatte über Gut und Böse die Sünderin
den Heiligen und der Heilige die Sünderin bekehrt. Das finde ich
recht gelungen. Und es könnte passiert sein. Alles passiert.«*

Wilde in Neapel, 1897.
»Wie gerne wäre ich doch ein Troubadour...«, soll er
gesagt haben, »...und erzählte romantische Geschichten,
um den Großen die Langeweile zu vertreiben.«

Die Wahrheit über Androklus und den Löwen

* * *

Während Wildes letzter Pariser Jahre zählten die Zusammen-
künfte mit alten Freunden zu seinen liebsten Vergnügungen. Wer
den Mut hatte, ihn zum Essen einzuladen, entdeckte rasch, dass
er zu brillieren verstand wie eh und je. Einer der Freunde, die er
regelmäßig sah, war Lord Alfred Douglas. Wenn sich Douglas bei
Laune befand, traf er Wilde am späten Vormittag im Café de la
Paix oder Café Julien und lud ihn dann zum Mittagessen ins
Restaurant Maire.

Im Maire erzählte Wilde Geschichten, so leicht und geistreich,
dass Douglas seine Worte mit dem Spiel des Sonnenlichts auf
einer Fontäne verglich. Dann ließ er meist Fabeln und biblische
Geschichten folgen, die er mit vor Emotion vibrierender Stimme
erzählte. »Das Mittagessen bei Maire dauerte von halb eins bis
Viertel nach fünf«, schrieb Wilde über eines dieser Treffen. »Bosie
trug Weinlaub im Haar und erblickte am Mittag den Mond.«

Während dieser Mahlzeiten hörte Douglas Hunderte der
Wilde'schen Geschichten: Märchen, Anekdoten sowie die Plots
zahlreicher ungeschriebener Stücke; den Satz »Mir ist da wieder
was eingefallen«, führte Wilde ständig im Munde. Es überrascht
daher kaum, dass Douglas im nach Wildes Tod verfassten Sonnet
vor allem den Verlust so vieler wunderbarer Geschichten beklagt.
Er evoziert das Bild des Geschichtenerzählers Wilde, der »Wun-
der aus dem Nichts« hervorzauberte, und betrauert den Verlust
»vergess'ner Sagen und Rätsel, halb enthüllt«.

Douglas erinnerte sich der ungefähren Handlung von »Die Wahrheit über Androklus und den Löwen«, die hier mit einer anderen erhaltenen Version der Erzählung verschmolzen wurde. Diese zweite Version hat Wilde womöglich in Paris einem Zahnarzt erzählt, während er auf das Einsetzen seiner Goldfüllung wartete.

*

Wenn auch keiner der Fachleute groß darauf eingehen mag, so ist dennoch sattsam bekannt, dass der Sklave Androklus der bemerkenswerteste Zahnarzt seiner Epoche war. In der Tat war sein Ansehen so groß, dass der römische Kaiser ihn persönlich darum bat, ihn auf seiner afrikanischen Expedition als kaiserlicher Dentist zu begleiten.

Eines Tages stieß Androklus am Rande einer ausgedehnten Wüste auf einen Löwen, der unter beträchtlichen Schmerzen zu leiden schien. Offenbar war der Löwe töricht genug gewesen, es mit dem zähen Fleisch eines Angelsachsen aufzunehmen, welcher jenen Teil Afrikas hatte kolonisieren wollen. Und infolgedessen hatte sich das arme Vieh sämtliche Zähne ruiniert.

Als Androklus das Stöhnen des Löwen vernahm, überkam ihn Mitleid, und er beschloss, ihm völlig gratis ein komplettes Goldgebiss anzufertigen. Und als die delikate Prozedur durchgeführt war, dankte der Löwe ihm überschwänglich und setzte in die Wüste davon.

Einige Jahre später, während der ersten Christenverfolgungen aber wurde Androklus, der ein sehr frommer Christ war, verraten und in den Circus von Rom verbracht. Und man warf ihn zusammen mit seinen Mitchristen – vor dem versammelten Adel Roms und seinem früheren Herrn, dem Kaiser – einer Meute hungriger Löwen vor. Während Androklus in der Arena des Circus Maximus stand, kam ein Löwe aus seinem goldenen Käfig gesprungen und hielt mit weit aufgerissenem Maul direkt auf ihn zu.

Als Androklus dem Löwen jedoch in den Rachen blickte, erkannte er das Goldgebiss wieder, das er vor so vielen Jahren eingesetzt hatte, und der Angstschrei, der ihm eben über die Lippen wollte, verwandelte sich in einen Jauchzer der Freude. Der Löwe aber, der erkannte, dass er seinen alten Freund, den Zahnarzt, vor sich hatte, legte sich lammfromm nieder und leckte ihm die Füße.

Und während er noch Androklus' Füße leckte, begann er zu überlegen, wie er dem Mann, der ihn einst gratis behandelt hatte, am besten seine Dankbarkeit bezeigen könnte. Nach einer Weile kam ihm dann eine wunderbare Idee, wie er vor dem Kaiser und der gesamten römischen Aristokratie Reklame für den Zahnarzt machen könnte. Und so erhob er sich auf seine Hinterläufe, stieß ein lautes Gebrüll aus und verschlang den Androklus in wenigen Happen, um derart die hervorragende Qualität des vom Dentisten gefertigten Goldgebisses zu demonstrieren.

Der Kardinal von Avignon

* * *

Einigen Kommentatoren zufolge kam Wilde die Idee zu dem als »Der Kardinal von Avignon« betitelten Stück während seiner amerikanischen Lesereise im Jahre 1892. 1894 brachte er − wohl auf Bitten eines Intendanten oder Schauspielers, der das Stück aufführen wollte − den nachstehenden Abriss zu Papier.

»Ich glaube kaum, dass je ein Manuskript existiert hat«, äußerte sich Robert Ross später darüber, »wenn Wilde auch geplante Passagen daraus zu zitieren pflegte.« Dies war, wie wir bereits sahen, ganz typisch für ihn. Zwar wird von einer tatsächlichen Schilderung dieses speziellen Stücks durch Wilde nirgends berichtet, doch wurde uns in den Memoiren eines Mannes, der ein Treffen zwischen Wilde und mehreren Theaterregisseuren besuchte, ein derartiges Vorkommnis überliefert. Wilde hatte versprochen, ihnen die fertigen vier Akte eines weiteren geplanten Werkes, des Gesellschaftsdramas Mr. and Mrs. Daventry, *auszuhändigen.*

Als Wilde mit einer Stunde Verspätung im Café de la Paix eintraf, erklärte er den Versammelten: »Meine Herren, ich habe einen der vier Akte, die ich ihnen für heute fertig zu stellen versprach, bei mir. Gewisse Vorfälle machten es mir unmöglich, die restlichen Akte zu Papier zu bringen, doch sie sind alle hier drinnen (wobei er sich an die Stirn tippte, in den vis-à-vis von ihnen platzierten Sessel sank und sich eine Zigarette anzündete), nur muss ich Wein haben − gülden funkelnden Wein − und zwar reichlich. Dann werde ich Ihnen das Stück erzählen und morgen die letzten drei Akte niederschreiben.«

Man bestellte Champagner für ihn, und während er trank, beschrieb er das Stück mit solcher Brillanz und in solchem Detail, dass die Männer das Gefühl hatten, der ersten Vorführung beizuwohnen. Er machte geniale Vorschläge hinsichtlich Inszenierung, Ausstattung und sogar bezüglich des Publikums; auch zitierte er lange Auszüge aus den Dialogen und stellte mühelos und mit wenigen Sätzen sämtliche Charaktere vor sie hin. Über eineinhalb Stunden lang redete er so weiter, versprach ihnen dann, das Stück bis zum Ende der Woche auszuarbeiten, und stand auf, um sich zu verabschieden.

Wildes Zuhörer waren derart beeindruckt, dass sie ihm einen hohen Betrag als Anzahlung aushändigten. Er verbeugte sich schwungvoll, weigerte sich, ihre ausgestreckten Hände zu schütteln, tauchte dann unter im Strom der Passanten auf der Avenue de l'Opéra und wurde von keinem von ihnen je wieder gesehen.

Den Handlungsrahmen des »Kardinals von Avignon« hat Wilde Berichten zufolge während seiner letzten Pariser Jahre einer ganzen Reihe von Leuten erzählt; manchmal präsentierte er ihn in Form einer Geschichte, dann wieder beschrieb er ihn, als ob er im Parkett einer Theateraufführung beiwohne. Hier aber wird nicht eine der Erzählversionen, sondern das Szenario des Stückes von 1894 wiedergegeben, da es uns eine unmittelbare Vorstellung davon vermittelt, wie er das Stück vor einer Gruppe von Freunden oder potenziellen Geldgebern präsentiert haben könnte.

*

Die Eingangsszene des Stückes spielt im Palast des Kardinals von Avignon. Der Kardinal ist allein und einigermaßen aufgeregt, denn soeben hat er erfahren, dass der Papst erkrankt ist und im Sterben liegt. »Und wenn sie nun mich zum Papst erwählten?«, denkt er bei sich.

Einige Edelleute und Fürsten treten auf, und der Kardinal, der um die Laster und Vergnügungen eines jeden weiß, wirbt mit Erfolg um ihre Stimmen, indem er jedem von ihnen die Erfüllung seiner persönlichen Ziele und Wünsche verspricht. Sie gehen ab, der Kardinal spricht: »Wird Gott mich in solche Höhe erheben?« – und hält einen großartigen Monolog zum Thema Papsttum.

Sodann tritt ein Diener auf und verkündet, ein junges Mädchen wünsche den Kardinal zu sprechen. Er verweigert es, doch da tritt das schöne junge Mädchen, sein Mündel, bereits ein. Nachdem es ihn wegen seiner Weigerung gerügt hat, entspinnt sich ein sehr hübscher und zärtlicher Wortwechsel.

Irgendwann im Verlaufe des Gesprächs meint das Mädchen: »Von vielen Dingen habt Ihr mir gesprochen, von einem jedoch nie: von der Liebe.« »Aber weißt du denn, was Liebe ist?«, fragt der Kardinal. »Ja«, versetzt sie, »denn ich habe mich verliebt.«

Sodann erklärt sie dem Kardinal, dass sie einen stattlichen jungen Mann, der seit einiger Zeit Mitglied seines Hofes sei und auf den er große Stücke halte, zu heiraten gedenke. Der Kardinal ist mit einem Male bestürzt und nimmt ihr das Versprechen ab, dem Geliebten nichts von ihrer Unterredung zu erzählen.

Nachdem sein Mündel ihn verlassen hat, wird der Kardinal von Zorn und Schmerz ergriffen. »Und so erhebt sich nach zwanzig Jahren meine Sünde wider mich«, ruft er aus, »und beraubt mich des einzigen Wesens, das ich liebe!« Denn der junge Mann ist sein Sohn.

Die Handlung verlagert sich nun in die Gärten auf der Rückseite des Palasts, wo das Mündel des Kardinals und sein Anverlobter beisammen sind. Es entspinnt sich eine leidenschaftliche Liebesszene. Ihrer beider Dankesschuld dem Kardinal gegenüber eingedenk, fragt der junge Mann seine Geliebte, ob sie ihm von ihrem Verlöbnis erzählt habe. Sie, eingedenk des dem Kardinal gegebenen Versprechens, verneint. Worauf er sie drängt, dies so bald wie möglich nachzuholen.

An dieser Stelle betritt ein Festzug die Bühne, und plötzlich taucht eine Totenmaske auf. Das Mädchen erschrickt, sieht darin einen Vorboten kommenden Unheils. Ihr Liebhaber jedoch wischt den Gedanken beiseite und meint: »Was haben du und ich und unsere frisch erblühte Liebe mit dem Tode zu schaffen? Der ist nicht für solche wie uns.« Der Festzug endet, die Liebenden trennen sich. Bei seinem Abgang lässt das Mädchen einen Handschuh fallen.

Der aus dem Palast tretende Kardinal hebt den Handschuh auf, wobei er gleichzeitig den jungen Mann erblickt. Er ist ergrimmt. »Haben sie sich also getroffen!«, murmelt er. Entschlossen, sich sein einzig Geliebtes nicht entreißen zu lassen, erzählt er dem jungen Mann – welcher ihn um Aufklärung über seinen Vater ersucht hat – im Laufe des nun folgenden Gesprächs, ein mächtiger Fürst habe ihm vor Jahren auf seinem Totenbette seine beiden Kinder anvertraut.

»Bin ich eines dieser Kinder?«, fragt der junge Mann. Worauf der Kardinal erwidert: »Du bist es.« »Dann habe ich also einen Bruder?«, bohrt der junge Mann weiter. »Nein«, versetzt der Kardinal, »aber eine Schwester.« »Eine Schwester? Wo ist sie? Weshalb kenne ich sie nicht?«, fragt der junge Mann. »Du kennst sie ja«, erwidert der Kardinal. »Es ist das Mädchen, mit dem du dich verlobt hast!«

Entsetzen und Verzweiflung ergreifen das Herz des jungen Mannes. Und der Kardinal drängt ihn, sich diese unmögliche Liebe aus dem Herzen zu reißen und sie auch im Herzen des Mädchens abzutöten. Die junge Frau tritt auf, und der Kardinal erklärt ihr, ihr Liebhaber glaube, einen schweren Irrtum begangen zu haben; er liebe sie nicht genug, um sie zur Frau zu nehmen.

Nach einiger Zeit treffen sich die beiden Liebenden, und der junge Mann löst das ihm vom Kardinal abverlangte Versprechen ein.

Ort der Handlung ist nun wieder, wie schon zu Beginn des Stücks, das Palastinnere. Der Kardinal ist allein und bereut, was er am Vortag getan hat. Er fühlt sich erbärmlich. Ein Kampf zwischen Ehrgeiz und Liebe tobt in seinem Innern. Von hoffnungsloser Liebe zu seinem Mündel verzehrt, fragt er sich gleichzeitig, ob ihn Gott angesichts dieser auf seiner Seele lastenden Sünde in das Papstamt erheben wird.

Man hört Trompetenschall. Edelleute und Fürsten treffen ein. Der Papst ist tot, der Kardinal an seiner statt zum Papst gekürt. Nachdem sie ihm ihre Huldigung dargebracht haben, gehen die Edlen und andere ab.

Der Kardinal strahlt. »Ich, der ich gerade noch tief im

Sumpfe steckte, bin nun so hoch erhoben, bin Christi Stellvertreter auf Erden!« Und so weiter. Eine schöne Rede. Der Ehrgeiz hat gesiegt. Er beschließt, seinem Mündel die Heirat mit dem jungen Mann zu gestatten. Er lässt nach dem jungen Mann schicken. »Mit dem, was ich Euch gestern erzählte, wollte ich Euch lediglich auf die Probe stellen. Ihr und Eure Verlobte seid nicht miteinander verwandt. Geht, sucht sie, damit ich euch noch heute Abend, ehe ich nach Rom reite, trauen kann.« In diesem Augenblick jedoch fliegen die mächtigen Türflügel am Ende der Halle auf, Mönche treten mit einer von einem Sargtuch bedeckten Bahre ein, die sie nun in der Mitte der Halle niedersetzen. Ohne ein Wort zu sprechen, entfernen sie sich. Beide Männer wissen intuitiv, wer auf der Bahre liegt. In seiner Verzweiflung über den Verlust des Geliebten hat sich das junge Mädchen entleibt.

Nun öffnet der Kardinal die Tür und sagt zu den davor stehenden Soldaten: »Was auch immer ihr hört, tretet nicht ein, ehe ich wieder herauskomme.« Er kehrt in die Halle zurück und schiebt einen schweren Riegel vor. Der junge Mann sagt: »Jetzt töte ich Euch.« Und der Papst erwidert: »Ich werde mich nicht verteidigen, doch bitten will ich Euch.« Und eindringlich führt er dem jungen Mann die Heiligkeit des päpstlichen Amtes vor Augen und stellt ihm das entsetzliche Sakrileg eines solchen Mordes vor. »Nein«, meint er, »den Papst könnt Ihr nicht töten.« »Ein solches Verbrechen kann mich nicht schrecken«, entgegnet der junge Mann. »Ich werde Euch töten.«

Da eröffnet der Papst dem jungen Mann, dass er sein Vater sei, und konfrontiert ihn mit der Grässlichkeit des

Verbrechens des Vatermordes. »Ihr könnt doch Euren Vater nicht umbringen!«, sagt er. »Nichts in mir antwortet auf Euren Appell«, entgegnet der junge Mann, »ich habe keine Sohnesgefühle: Ich werde Euch töten.«

Da tritt der Papst an die Bahre und gesteht, das Tuch wegziehend: »Auch ich habe sie geliebt.« Nach diesen Worten läuft der junge Mann zur Türe, reißt sie auf und sagt zu den Soldaten: »Seine Heiligkeit wird noch heute Abend nach Rom reiten.«

Der Papst steht vor dem Leichnam und segnet ihn, und während des Segens wirft sich der junge Mann über die Bahre und erdolcht sich. Die Soldaten, Edlen und Fürsten treten ein. Der Papst aber verharrt noch immer mit segnend erhobener Hand.

Der Meister

* * *

Gegen Ende seines Lebens genoss Wilde zuweilen das »von Schönheit und Wein erhellte« nächtliche Paris. Er und seine Freunde versammelten sich im Hinterzimmer des Kalisaya, einer Bar am Boulevard des Italiens. »Kalisaya«, schrieb Wilde, »die amerikanische Bar in der Nähe des Crédit Lyonnais, ist jetzt der literarische Treffpunkt für mich und meine Freunde; um fünf Uhr nachmittag kommen wir dort zusammen.«

Während er einen Gin oder − mit Strohhalm − einen Champagner-Whisky-Cocktail schlürfte, wurde Wilde all den angehenden Dichtern, Anarchisten und Bohemiens der Metropole vorgestellt. Und für ihre Huldigungen und Trink-Einladungen revanchierte er sich, indem er − seinen eigenen Worten zufolge − »ziemlich wundervoll« oder »ganz erstaunlich« war und sie mit seinen Geschichten bezauberte. Seine Vorführung erstreckte sich über Stunden; und viele derer, die ihn hörten, erklärten, dass er nach etwa einer Stunde besser sprach als zu Beginn.

Bei derartigen Anlässen erzählte und erfand Wilde seine als Prosagedichte publizierten Geschichten aufs Neue. Eine von ihnen war wohl »Der Meister«. Die Tatsache, dass er seine Texte auch nach der Veröffentlichung noch fortwährend veränderte, gestattet den Schluss, dass er sie gewiss nicht einfach deshalb als »endgültig« betrachtete, weil eine Niederschrift davon existierte. Dieses Faktum scheint auch vielen der hergebrachten Deutungen von Wildes spoken stories zu widersprechen, welche die Erzäh-

lungen nicht als Zweck an sich interpretieren, sondern eher als »vorbereitende Experimente«, die er angestellt habe, ehe er sich wieder dem wichtigeren Geschäft des Schreibens zuwandte.

Dies war ganz offensichtlich nicht der Fall.

∗

Als Joseph von Arimathäa am Abend vom Kalvarienberge, auf dem Jesus gestorben war, heruntersteig, erblickte er, auf einem weißen Stein sitzend, einen weinenden jungen Mann. Und Joseph trat zu ihm und sprach: »Ich weiß, wie groß dein Kummer sein muss, denn wahrlich, dieser Mensch war ein Gerechter.«

Der junge Mann aber entgegnete ihm: »Oh, nicht darum weine ich. Ich weine, weil auch ich Wunder gewirkt habe. Auch ich habe Blinden das Gesicht geschenkt, Gelähmte geheilt und Tote erweckt. Auch ich habe den unfruchtbaren Feigenbaum verdorren lassen und Wasser in Wein verwandelt – aber gekreuzigt haben sie mich dennoch nicht.«

Die Torheit des Simon

* * *

Der Dichter und Journalist Ernest La Jeunesse hörte viele von Oscar Wildes Geschichten. Noch lange nach dessen Tod versuchte er − wie auch viele andere Freunde Wildes −, beim Wiedererzählen Stimme und Manierismen des Dichters nachzuahmen. In seiner plastischen Schilderung von Wildes letzten Tagen erinnert sich La Jeunesse: »Langsam, Wort für Wort, erfand Wilde − in fiebrigem, stockendem Ringen − seltsame und flüchtige Parabeln.«

Sein Bericht schildert einen der letzten Anlässe, zu dem Wilde seine Erzählungen vortrug. »Er versucht sich noch einmal an seinen Geschichten. Es ist die bittere, blendende Brillanz eines übermenschlichen Feuerwerks, nichts weniger. Alle, die ihn am Ende seiner Laufbahn erlebten, wie er noch immer die Funken seines Geistes und seiner Einfälle versprühte, an den goldenen, edelsteinbesetzten Fragmenten seines Genies meißelte… werden eines niemals vergessen: das gewaltige, tragische Schauspiel eines Menschen, der sich zwar ruhig verdammen ließ, sich aber stolz weigerte, den Nacken zu beugen.«

Weil Wilde anlässlich dieser Gelegenheiten viele seiner alten Geschichten in neue Formen goss, mag er vielleicht auch folgende, aus den frühen 1890ern stammende Geschichte aufs Neue erzählt haben.

*

Den Kopf gesenkt, saß der alte Mann da, und die Beschuldigungen seiner aufgebrachten Frau klangen ihm in den Ohren.

»Törichter alter Narr! Was verschwendest du deine Zeit und trödelst unterwegs? Dein Vater, der Vater deines Vaters und auch dessen Vater vor ihm, alle waren sie Hüter des Tempeltors. Und wärest du flinker gewesen, als man nach dir schickte, hätte man zweifellos auch dich zum Hüter gemacht.

Doch nun hat man statt deiner einen Beflisseneren gewählt. Oh, du törichter alter Mann, der du lieber unterwegs verweilst, um das Kreuz eines jungen Zimmermanns zu tragen, der in seinem Leben ein Aufwiegler und Verbrecher war!«

»S'ist wahr«, sprach der alte Mann. »Dem jungen Zimmermann bin ich begegnet, den man zur Kreuzigung führte, und ein Zenturio hielt mich am Arm und bat mich, ihm das Kreuz zu tragen. Und als ich es bis zur Anhöhe getragen hatte, verweilte ich, um seinen Worten zu lauschen, denn obzwar er sich gar sehr grämte, galt sein Gram nicht sich selbst, sondern anderen, und das Wundersame an seinen Worten fesselte mich, sodass ich alles andere darüber vergaß.«

»Wahrhaftig«, erwiderte seine Frau, »alles andere hast du vergessen – einschließlich des bisschen Verstands, das du je dein Eigen nanntest! Schämst du dich nicht, wenn du daran denkst, dass dein Vater und sein Vater und dessen Vater davor, dass sie alle Türhüter im Hause des Herrn waren, und ihre Namen in Gold darauf geschrieben stehen, um von allen Menschen kommender Zeiten gelesen zu werden? Unter all deinen Verwandten aber wird man allein von dir, unnützer, kindischer Alter, nie wieder hören, denn wer in aller Welt wird, wenn du einmal tot bist, noch den Namen eines Simon von Cyrene nennen?«

Die unnütze Auferstehung

*** * ****

In seinen letzten Jahren entwickelte sich Oscar Wilde zum fahrenden Sänger und Troubadour. Er zog über die Pariser Boulevards, schweifte aber auch in größere Fernen, bis nach Italien und in die Schweiz, wo er sich bei Fremden für die von ihnen spendierten Getränke mit der einzigen Währung revanchierte, die ihm geblieben war – seinen Witzen und Geschichten. Am Ende unterhielt er sich mit allen, die ihm noch zuhörten: Schullehrern, Journalisten, Studenten und Jungschriftstellern. Ein junger Autor, der ihm damals begegnete, hielt einen ungewöhnlichen Zwischenfall fest, der sich während eines ihrer Treffen im Café de la Paix ereignete.

Während Wilde ihm einmal eine seiner Geschichten erzählte, erblickte der junge Schriftsteller plötzlich einen gleißenden Engel, der von der Mitte der Place de l'Opéra auf sie zukam. Der Engel, der sich ihnen auf seinen Lichtfüßen näherte, wurde immer größer und schien eine riesige Leier zu halten. Als Wilde den bestürzten Blick seines Zuhörers bemerkte, drehte er sich – nach der Ursache forschend – um. Der Atem stockte ihm, als er den Engel sah, und er legte die Hand auf den Arm des jungen Schriftstellers. Bald blickten alle im Café zu dem Engel hin; jäh aufspringend stießen viele ihre Stühle und Tische um, und manche bekreuzigten sich.

Nach einer Weile jedoch merkten sie, dass nicht etwa ein göttlicher Bote zu ihnen herabgestiegen war, um ihnen das Ende der

*Welt zu verkünden, wie sie es sich zunächst eingebildet hatten.
Das Ganze erwies sich schließlich als die durch die Brechung der
Sonnenstrahlen in der feuchten und staubigen Pariser Luft her-
vorgerufene Projektion einer Apollostatue von einem Nachbarge-
bäude.*

*Doch obgleich sich der Vorfall derart völlig rational aufklärte,
»sah« der junge Schriftsteller von nun an bei jeder Zufallsbegeg-
nung mit Wilde den goldenen Engel mit der Leier an seiner Seite
schreiten. Das Bild des Engels als Spiegelung einer Apollostatue
ist natürlich leicht nachvollziehbar, da viele von Wildes Erzählungen eine kuriose Mischung aus Heidentum und Christentum
darstellen. Die hier folgende letzte Geschichte bietet ein klassisches Beispiel für ein in heidnischer Manier durchgeführtes christ-
liches Thema.*

*In den frühen 1890ern erzählte Wilde die Geschichte zum
ersten Mal; offenbar wurde auch eine dramatische Ausarbeitung
erwogen. Von früheren Fassungen scheint sich »Die unnütze Auferstehung« insofern zu unterscheiden, als sie mit einem tief pessi-
mistischen Ton ausklingt; andere enden mit der Annahme von
Christi Liebes- und Frohbotschaft durch die gesamte Menschheit.
Wilde erzählte sie offenbar am Weihnachtsabend 1899 in der Bar
Kalisaya, quasi als »Widerlegung« der unmittelbar vorausgegangenen Geschichte vom »Wunder der Stigmata«.*

*

Eines Tages stieß ein arabischer Arbeiter, der sich im
Dienste eines auf dem Kalvarienberg nach alten Münzen
grabenden Archäologen befand, mit seiner Spitzhacke auf
die Stein-Abdeckung eines Grabes. Nachdem er mit Hilfe
seiner Kollegen den Grabstein gehoben hatte, entdeckte er

darin einen Leichnam, der in ein noch unbeschädigtes Leichentuch gewickelt war.

Als man den Archäologen von der makabren Entdeckung in Kenntnis setzte, beschloss dieser, die Leiche aus dem Grab zu holen und in ein benachbartes Museum überführen zu lassen. Dort beugten sich dann Wissenschaftler mit außerordentlich starken Brillen darüber und lösten behutsam das Leichentuch, welches einen mumifizierten Leichnam freigab. Zu ihrem großen Erstaunen entdeckten sie Wundmale an den Händen, der Seite sowie an den Füßen der Leiche. Es handelte sich – ohne auch nur die Spur eines Zweifels – um den Leichnam Jesu Christi.

Durch diese Entdeckung wurde offensichtlich, dass man die Gläubigen – von den heiligen Frauen, die als Erste zum Grab gekommen waren, bis zu jenen, die mit ihren Knien Jahrhunderte lang die Steine der heiligen Stätte glatt gescheuert hatten (welche angeblich die genaue Grabstelle bezeichnete) – seit zweitausend Jahren, Generation um Generation, getäuscht hatte.

Selbstverständlich nahm sich die Weltpresse rasch der Sache an; sie verjagte den Papst aus Rom und brachte ihre Leser dazu, sich vom christlichen Glauben abzuwenden. Den Vatikan aber gestaltete man nun zu einem Tempel des Gottes der Wissenschaftlichen Wahrheit. Und unter Glas bot man dort nun den Leichnam, der in so sensationeller Weise einem zweitausendjährigen Glauben den Garaus gemacht hatte, der Neugier des Publikums dar.

Am darauf folgenden Ostersonntag aber – einem traurigen Sonntag, an dem keine Glocken zur Feier des Auf-

Oscar Wilde in Rom, 1900.

erstandenen geläutet wurden – ereignete sich ein merk-
würdiger Zwischenfall.

Als der erste bleiche Strahl der Morgensonne in den
Vatikansaal fiel und auf den leblosen Leichnam traf, stand
dieser jäh auf, zerschlug die Fenster seines gläsernen Ge-
fängnisses und erhob sich vor dem verblüfften Publikum
in glorreichem Flug aus dem Saal.

In der Folge entstand eine völlig neue, auf Individualismus, Freude und dem Kult der Schönheit basierende Religion, die sich über die gesamte Welt verbreitete. Es gab
neue Apostel, und es gab neue Märtyrer, und an manchen
Orten erschien der auferstandene Christus. Er bereiste den
gesamten Erdkreis, um die Menschen von Seiner Existenz
zu überzeugen und ihnen von Seiner neu gegründeten
Religion zu erzählen.

Mit einer Stimme, die wie die Leier Apolls klang, verkündete er der Welt, dass Menschen, die ein vollkomme-
nes Leben führen wollten, ganz und gar sie selbst sein
müssten. Die wahre Grundlage allen geistigen Lebens sei
die Phantasie, und allein das geistige Leben besitze einen
Wert. Er predigte eine Moral, die vollständig auf Sympathie beruhte; und wenn die Menschen nur an Ihn glaubten und Seiner Lehre folgten, dann gäbe es, behauptete Er,
keine Armut, keine Revolutionen und keine Kriege mehr
auf dieser Welt. Es herrsche dann – so Seine Prophezeiung
– große Harmonie zwischen den uneinigen Rassen und
Klassen, die einander lieben und sich zur Anbetung des
dauernden und doch flüchtigen Wunders vereinen würden, welches das menschliche Leben darstelle.

Dies und vieles andere predigte Jesus Christus. Denn

Er war wiedergekehrt, um die Leiden der ganzen Welt auf sich zu nehmen: die Leiden jener, deren Name Legion ist und deren Behausung zwischen Gräbern liegt, die Leichen unterdrückter Nationen, kindlicher Fabrikarbeiter, von Dieben, Menschen im Gefängnis, Ausgestoßenen, all jenen, die in ihrer Bedrängnis verstummt sind und deren Schweigen nur noch von Gott gehört wird.

Seine an jeden Einzelnen gerichtete Botschaft war simpel: »Du hast großartige Anlagen. Entwickle sie! Sei du selbst! Denn deine Vollkommenheit liegt allein in dir selbst.«

Doch, aber ach, Jesus war zu spät in die Welt gekommen.

Denn die bebrillten Wissenschaftler fanden eine rationale Erklärung für dieses große Wunder und diese höchste Offenbarung aus dem Munde des Lichts, und Jesus beschloss, nie wieder vor die Augen der Menschen zu treten.

Und alles fiel in jene Apathie zurück, die in der Zeit vor Seinem Erscheinen geherrscht hatte, eine Zeit, die weder Glauben noch Freude kannte, eine dumpfe phantasielose Epoche, die nur eine andere Art von Tod gewesen war.

PROSAGEDICHTE

* * *

»War dies Prosa oder war es Poesie in neuem
Versmaß? Seine Meisterschaft auf dem merkwürdigen
Instrument versetzte mich in Entzücken.«

*Sechs von Wildes gesprochenen Geschichten erfuhren eine Nie-
derschrift als* Poems in Prose, *welche Frank Harris 1894 erstmals in der* Fortnightly Review *veröffentlichte. Zwei von ihnen – »Der Jünger« und »Der Saal des Gerichts« – notierte er
wohl Lord Alfred Douglas zuliebe, da sie in der von Douglas he-
rausgegebenen Oxforder Zeitschrift* The Spirit Lamp *erstmals
erschienen. Die anderen vier – »Der Künstler«, »Der Wohltäter«,
»Der Meister« und »Der Lehrer der Weisheit« – wurden wahrscheinlich auf Verlangen von Frank Harris geschrieben, der sie zusammen mit revidierten Fassungen des »Jünger(s)« und des »Saal
des Gerichts« in seine* Fortnightly Review *aufnahm. Wie bereits erwähnt, erzählte Wilde viele Fabeln und biblische Geschichten auf Harris' Lunchpartys, und man kann sich gut vorstellen,
dass er sie kurz nach einem solchen Anlass niederschrieb. Seit ihrem Erscheinen im* Fortnightly Review *hat man die sechs Geschichten in diversen Werkausgaben immer wieder neu publiziert.*

*Auch wir publizieren sie in diesem Band, damit sie der Leser
mit Wildes Erzählfassungen vergleichen kann. Gesprochene Versionen der Prosagedichte finden sich in diesem Buch unter folgenden Titeln: »Der Saal des Gerichts«, »Der Mann, der nur in
Bronze denken konnte«, »Der Spiegel des Narziss«, »Die beste
Geschichte der Welt« und »Der Meister«. Vom »Lehrer der Weisheit« wurde offenbar nie eine mündliche Fassung notiert.*

Ein Vergleich der Prosagedichte *mit Wildes gesprochenen Ge-*

schichten ermöglicht es uns, die Unterschiede zwischen seinem Sprech- und Schreibstil nachzuvollziehen. Als Wilde seine spoken stories *zu Papier brachte, tat er dies auf ziemlich artifizielle und ornamentale Weise. Ein solcher Vergleich macht auch die durchgehende Enttäuschung jener begreiflich, die die* Prosagedichte, *nachdem sie sie bereits aus dem Mund des Autors gehört hatten, später lasen. So schrieb etwa Robert Ross in seinem Vorwort zu* Poems in Prose: *»All jene, die sich noch erinnern, sie aus Wildes Mund vernommen zu haben, muss bei der Lektüre ein Gefühl der Enttäuschung beschleichen. Bei der Niederschrift hat er sie mit Zierrat überladen, und einige seiner Freunde standen nicht an, ihm ihre Kritik persönlich mitzuteilen.«*

Dennoch lag es eindeutig in Wildes Absicht, in derart »dekorativer« Manier zu schreiben; er hielt sich dabei an die Kriterien des »Prosagedichts«. Dieses im Frankreich des achtzehnten Jahrhunderts entwickelte Genre fand in der Prosadichtung von Stéphane Mallarmé und Charles Baudelaire seinen vollkommensten Ausdruck. Irische und englische Schriftsteller, wie etwa der Dichter Ernest Dowson, wurden stark von Baudelaires Petits Poèmes en Prose *(1869) beeinflusst. Ja, es ist nicht unwahrscheinlich, dass Baudelaires berühmte Beschreibung der idealen Sprache des Prosagedichts den Stil der Wilde'schen Beiträge zu diesem Genre wenigstens zu einem Teil inspirierte. »Wer«, schrieb Baudelaire, »hat noch nicht vom Wunder einer poetischen Prosa geträumt, einer musikalischen Prosa ohne Reim und Rhythmus?«*

Die folgenden Fassungen der Prosagedichte *sind der Zeitschrift* The Fortnightly Review *entnommen. Aufnahme fand auch die relativ unbekannte Fassung von »Der Schüler«, die 1893 in* The Spirit Lamp *erschien.*

Der Künstler

*** * ***

Eines Abends überkam seine Seele das Verlangen, ein Bild der Lust zu schaffen, *welche nur einen Augenblick währt.* Und er begab sich hinaus in die Welt, um nach Bronze zu suchen. Denn nur in Bronze konnte er denken.

Alle Bronze der Welt aber war verschwunden, und nirgendwo auf der Welt war auch nur ein einziges Stück Bronze zu finden – außer der Bronze des Standbilds des *Leides, welches ewig währt.*

Dies Bildnis aber hatte er selbst und mit eigenen Händen geschaffen und auf dem Grabe des einzigen Wesens aufgestellt, das er jemals geliebt hatte. Auf das Grab jenes toten Wesens, das er am meisten geliebt hatte, hatte er dies von eigener Hand geschaffene Standbild gestellt, auf dass es diene zum Zeichen unsterblicher menschlicher Liebe und zum Symbol immer währenden menschlichen Leids. Auf der ganzen Welt aber gab es keine Bronze außer der Bronze dieses Bildes.

Da nahm er das Standbild, das er selbst geschaffen hatte, stellte es in einen großen Schmelzofen und überantwortete es dem Feuer.

Und so schuf er aus der Bronze des Standbilds des *immer währenden Leides* das Bildnis der *Lust, welche nur einen Augenblick währt.*

Der Wohltäter

* * *

Es war Nacht und Er war allein. Und in der Ferne sah Er die Mauern einer runden Stadt und ging auf die Stadt zu.

Als Er sich näherte, vernahm Er im Innern der Stadt den Schritt der Füße der Fröhlichkeit und das Gelächter des Mundes der Heiterkeit und den tönenden Lärm vieler Lauten. Und Er klopfte an das Tor, und einige der Torwächter machten Ihm auf.

Er gewahrte ein Haus, das aus Marmor war, mit schönen Säulen aus Marmor davor. Die Säulen waren mit Girlanden behängt, und drinnen wie draußen brannten Fackeln aus Zeder. Und Er trat ein.

Als Er die Halle aus Chalcedon und die Halle aus Jaspis durchschritten und den langen Bankettsaal erreicht hatte, sah Er auf einem Lager aus Meerespurpur einen liegen, dessen Haar mit roten Rosen bekränzt und dessen Lippen rot waren vom Wein.

Und Er trat hinter ihn und berührte ihn an der Schulter und sprach zu ihm: »Warum lebst du so?«

Der junge Mann wandte sich um und erkannte Ihn, antwortete Ihm und sprach: »Aber ich war doch einst aussätzig, und du hast mich geheilt. Wie anders sollte ich leben?«

Und Er verließ das Haus und trat wieder auf die Straße hinaus.

Nach einer Weile erblickte Er eine, deren Antlitz und

Gewand bemalt und deren Füße mit Perlen geschmückt waren. Und hinter ihr kam, langsam wie ein Jäger, ein junger Mann, der einen Umhang in zweierlei Farben trug. Das Antlitz der Frau aber glich dem schönen Gesicht eines Götzen, und die Augen des jungen Mannes funkelten vor Begierde.

Und rasch folgte Er ihnen und berührte die Hand des jungen Mannes und sprach zu ihm: »Warum betrachtest du diese Frau – und auf solche Weise?«

Der junge Mann wandte sich um, erkannte Ihn und sprach: »Aber ich war doch einst blind, und du hast mir das Augenlicht geschenkt. Was sonst sollte ich betrachten?«

Und Er eilte weiter und berührte das gefärbte Gewand der Frau und sagte zu ihr: »Kann man denn keinen anderen Weg gehen als den der Sünde?«

Die Frau wandte sich um und erkannte Ihn, lachte und meinte: »Aber du hast mir doch meine Sünden vergeben, und der Weg ist ein angenehmer.«

Und Er verließ die Stadt.

Und als Er die Stadt verlassen hatte, erblickte er einen jungen Mann, der weinend am Wegrand saß.

Er ging zu ihm hin und berührte die langen Locken seines Haars und sprach zu ihm: »Warum weinst du?«

Und der junge Mann blickte auf, erkannte Ihn und gab zur Antwort: »Aber ich war doch einst tot, und du hast mich von den Toten erweckt! Was sonst sollte ich tun als weinen?«

Der Schüler

Als Narkissos starb, verwandelte sich der Weiher seiner
Lust aus einer Schale süßen Wassers in eine Schale salziger
Tränen, und die Oreaden kamen weinend durch das Wald-
land, um dem Weiher mit ihren Gesängen Trost zu spen-
den.

Und als sie sahen, dass sich der Weiher aus einer Schale
süßen Wassers in eine Schale salziger Tränen verwandelt
hatte, lösten sie ihre grünen Flechten und weinten in den
Weiher und sprachen: »Es verwundert uns nicht, dass du so
um Narkissos trauerst – schön, wie er war!«

»War Narkissos denn schön?«, fragte der Weiher.

»Wer wüsste es besser als du?«, versetzten die Oreaden.
»An uns ist er immer vorübergeeilt, dich aber hat er aufgesucht, hat an deinen Ufern gelegen, auf dich hinabgeblickt und im Spiegel deines Wassers die eigene Schönheit
gespiegelt.«

Und der Weiher erwiderte: »Ich aber liebte Narkissos,
weil ich – wenn er an meinem Ufer lag und auf mich he-
rabsah – im Spiegel seines Auges meine eigene Schönheit
gespiegelt erblickte.«

Der Meister

* * *

Als sich nun Dunkelheit über die Erde senkte, schritt Joseph von Arimathäa, nachdem er sich eine Fackel aus Pinienholz entzündet hatte, vom Hügel hinab ins Tal. Denn er hatte in seinem eigenen Hause zu tun.

Da erblickte er, auf den Feuersteinen des Tales der Trostlosigkeit kniend, einen Jüngling, welcher nackt war und weinte. Sein Haar war von der Farbe des Honigs, und sein Leib glich einer weißen Blume, doch hatte er sich mit Dornen verletzt und sich – wie eine Krone – Asche aufs Haar gesetzt.

Und er, welcher über große Besitztümer verfügte, sprach zu dem Jüngling, welcher nackt war und weinte: »Es verwundert mich nicht, dass dein Schmerz so groß ist, denn wahrlich, Er war ein Gerechter.«

Der junge Mann aber entgegnete: »Nicht um Ihn weine ich, sondern um mich. Auch ich habe Wasser in Wein verwandelt, habe Aussätzige geheilt und Blinden das Gesicht gegeben. Auf dem Wasser bin ich gewandelt, und aus den Bewohnern der Gräber habe ich die Teufel ausgetrieben. In der Wüste, wo es keine Nahrung gab, speiste ich die Hungrigen, die Toten erweckte ich aus ihren engen Behausungen, und auf mein Geheiß verdorrte im Angesicht einer großen Menschenmenge ein unfruchtbarer Feigenbaum.

All die Dinge, die dieser Mann bewirkt hat, habe auch ich vollbracht. Und dennoch haben sie mich nicht gekreuzigt.«

Der Saal des Gerichts

* * *

Stille senkte sich über den Saal des Gerichts, und nackt trat der Mann vor Gott.

Gott schlug das Lebensbuch des Mannes auf. Und Gott sprach zu dem Manne: »Dein Leben war böse; du erwiesest Grausamkeit denen, die des Beistands bedurften, und warst bitter und hartherzig gegen jene, die der Hilfe ermangelten. Die Armen riefen dich an, doch du erhörtest sie nicht, und dein Ohr blieb dem Schrei Meiner Geplagten verschlossen. Das Erbe der Vaterlosen hast du an dich genommen und die Füchse in den Weinberg deines Nachbarn geschickt. Du nahmst den Kindern das Brot und gabst es den Hunden zu fressen; Meine Aussätzigen, die in den Sümpfen wohnten und in Frieden lebten und Mich priesen, triebst du auf die Landstraßen hinaus; und auf Meiner Erde, aus der ich dich schuf, vergossest du unschuldiges Blut.«

Und der Mann antwortete und sprach: »So habe ich getan.«

Erneut schlug Gott das Lebensbuch des Mannes auf.

Und Gott sprach zu dem Manne: »Dein Leben war böse; nach der Schönheit, die ich dir zeigte, strebtest du nicht, und an dem Guten, das ich dir verbarg, gingst du achtlos vorüber. Die Wände deines Gemachs waren mit Bildern bemalt, und von deinem Bette der Gräuel erhobst

197

du dich zu Flötenklängen. Sieben Altäre errichtetest du den Sünden, für welche ich litt, und aßest von dem, das nicht gegessen werden darf; und der Purpur deines Gewandes war mit den drei Malen der Schande bestickt. Deine Götzen waren weder von Gold noch von Silber, welche dauern, sondern aus Fleisch, welches stirbt. Du versetztest ihr Haar mit Wohlgerüchen und gabst ihnen Granatäpfel in die Hand. Du beflecktest ihre Füße mit Safran und legtest Teppiche vor ihnen aus. Mit Antimon hast du ihre Lider geschwärzt und ihre Leiber mit Myrrhe beschmiert. Bis zum Boden verneigtest du dich vor ihnen, und die Throne deiner Götzen waren in der Sonne errichtet. Der Sonne hast du deine Schande gezeigt und dem Mond deine Tollheit.«

Und der Mann antwortete und sprach: »So habe ich getan.«

Gott schlug das Lebensbuch des Mannes ein drittes Mal auf. Und Gott sprach zu dem Manne: »Böse war dein Leben, Gutes hast du mit Bösem vergolten, Freundlichkeit mit Missetaten. Die Hand, die dich speiste, hast du verletzt, die Brust, die dich säugte, verachtet. Wer mit Wasser zu dir kam, ging dürstend von dannen, und die Geächteten, die dich nachts in ihren Zelten versteckten, verrietest du, ehe der Morgen graute. Den Feind, der dich schonte, locktest du in einen Hinterhalt, den Freund, der mit dir ging, verkauftest du für Geld, und die dir entgegen gebrachte Liebe hast du stets nur mit Lust vergolten.«

Und der Mann antwortete und sagte: »So habe ich getan.«

Gott schloss das Lebensbuch des Mannes und sprach:

»Wahrlich, ich werde dich in die Hölle schicken. Ja, in die Hölle will ich dich schicken.«

Da rief der Mann aus: »Das kannst du nicht.«

Und Gott erwiderte dem Manne: »Weshalb kann ich das nicht, aus welchem Grunde denn nicht?« »Weil ich stets in der Hölle gelebt habe«, versetzte der Mann.

Und Stille senkte sich über den Saal des Gerichts.

Nach einer Weile sprach Gott zu dem Manne und sagte: »Da ich sehe, dass ich dich nicht in die Hölle schicken kann, werde ich dich eben in den Himmel schicken. So schicke ich dich eben in den Himmel.«

Der Mann rief aus: »Das kannst du nicht.«

Und Gott sagte zu dem Manne: »Weshalb kann ich dich nicht in den Himmel schicken, aus welchem Grunde denn nicht?«

»Weil ich ihn mir nie und nirgends habe vorstellen können«, erwiderte der Mann.

Und Stille senkte sich über den Saal des Gerichts.

Der Lehrer der Weisheit

* * *

Von Kindheit an glich er einem, der vom vollkommenen Wissen Gottes erfüllt ist, und schon als Jüngling hatte er viele Heilige wie auch gewisse heilige Frauen, die in der freien Stadt seiner Geburt wohnten, durch die Ernsthaftigkeit und Weisheit seiner Antworten in Staunen gesetzt.

Und nachdem ihm seine Eltern Gewand und Ring des Mannesalters übergeben hatten, küsste er sie, verließ sie und zog aus, um der Welt von Gott zu künden. Zu jener Zeit nämlich gab es viele in der Welt, die Gott entweder gar nicht kannten, nur unvollkommenes Wissen von ihm besaßen oder aber jene falschen Götter verehrten, welche in Hainen hausen und ihrer Anbeter nicht achten.

Und er wandte sein Gesicht zur Sonne und machte sich auf, ging ohne Sandalen, wie er Heilige hatte gehen sehen, eine lederne Börse und eine kleine Wasserflasche aus gebranntem Ton am Gürtel tragend. Und während er die Landstraße entlangschritt, erfüllte ihn jene Freude, die aus der vollkommenen Erkenntnis Gottes erwächst, und er sang Gottes Lob ohne Unterlass; und nach einer Zeit gelangte er in ein fremdes Land, in welchem es viele Städte gab.

Elf Städte durchreiste er. Und einige von ihnen lagen in Tälern, andere an den Ufern großer Flüsse, und wieder andere waren auf Hügeln gelegen. Und in jeder Stadt fand er einen Jünger, welcher ihn liebte und ihm folgte, so wie eine große Menge Volks aus jeder dieser Städte, und die Erkenntnis Gottes verbreitete sich im ganzen Land. Und viele der Herrscher bekehrten sich, und die Priester der Tempel, in denen sich Götzenbilder befanden, sahen, dass sie die Hälfte ihrer Einnahmen eingebüßt hatten, und wenn sie zur Mittagsstunde ihre Trommeln schlugen, kam niemand oder kamen nur noch wenige mit Pfauen und Fleischopfern – wie es vor seiner Ankunft im Lande Brauch gewesen war.

Doch je mehr Menschen ihm folgten und je höher die Zahl seiner Jünger, umso größer wurde auch sein Kummer. Und er begriff nicht, weshalb sein Kummer so groß war. Denn stets sprach er von Gott, und zwar aus der Fülle jener vollkommenen Erkenntnis Gottes, die Gott selbst ihm hatte zuteil werden lassen.

Und eines Abends verließ er die elfte Stadt, welche eine Stadt Armeniens war, und seine Jünger und eine große Menschenmenge folgten ihm. Und er stieg auf einen Berg und ließ sich auf einem Felsen nieder, welcher sich auf dem Berge befand, und seine Jünger umstanden ihn, und die Menge kniete im Tal. Und er senkte den Kopf auf die Hände und weinte und sagte zu seiner Seele: »Warum bin ich so voller Kummer und Furcht und jeder meiner Jünger wie ein Feind, der am Mittage wandelt?«

Und seine Seele antwortete ihm und sprach: »Gott erfüllte dich mit der vollkommenen Erkenntnis Seiner selbst, und du hast dies Wissen an andere fortgegeben. Die kostbare Perle hast du geteilt, das Gewand ohne Naht entzwei gerissen. Der, welcher die Weisheit fortgibt, beraubt sich selbst. Er gleicht jenem, der seinen Schatz einem Räuber anvertraut. Ist denn nicht Gott weiser als du? Wer bist du, dass du das Geheimnis verrätst, welches Gott dir anvertraute? Einst war ich reich, doch du hast mich arm gemacht. Einst schaute ich Gott, doch du hast ihn mir verborgen.«

Und wieder weinte er, denn er wusste, dass seine Seele die Wahrheit sprach und er anderen die vollkommene Erkenntnis Gottes anvertraut hatte, dass er war wie einer, der sich an Gottes Rockschöße klammert, und sein Glaube ihn verließ wegen der schieren Zahl jener, die an ihn glaubten.

Und er sagte zu sich: »Ich will nicht mehr von Gott sprechen. Wer die Weisheit fortgibt, beraubt sich selbst.«

Und nach einigen Stunden näherten sich seine Jünger, verbeugten sich bis zum Boden und sagten: »Meister, sprich uns von Gott, denn du besitzest die vollkommene Erkenntnis Gottes, und keiner besitzt dies Wissen außer dir.« Und er antwortete ihnen und sagte: »Von allem anderen, das es gibt im Himmel und auf Erden, will ich euch sprechen, nicht aber von Gott. Weder jetzt noch zu anderer Zeit werde ich von ihm sprechen.«

Da empörten sie sich wider ihn und sprachen zu ihm: »Du führtest uns in die Wüste, auf dass wir dir lauschten. Willst du uns nun hungrig von dannen schicken – und auch die große Menge, welche du veranlasstest, dir zu folgen?«

Und er antwortete ihnen und sagte: »Ich werde euch nicht von Gott sprechen.«

Und die Menge murrte wider ihn und sagte zu ihm: »In

die Wüste hast du uns geführt und hast uns nicht gespeist. Erzähl uns von Gott, und wir wollen es zufrieden sein.« Er aber antwortete ihnen kein Wort. Denn er wusste, hätte er ihnen von Gott gesprochen, so hätte er sich seines Schatzes beraubt.

Und seine Jünger gingen traurig fort, und die Menge kehrte in ihre Herkunftsorte zurück. Und viele starben auf dem Heimweg.

Als er allein war, erhob er sich, wandte sein Gesicht nach dem Mond und reiste sieben Monde lang, ohne einen Menschen anzureden, ohne einem zu antworten. Und als der siebte Mond nur noch eine Sichel war, erreichte er jene Wüste, welche die Wüste des Großen Flusses ist. Und als er eine Höhle fand, die einst ein Zentaur bewohnt hatte, machte er sie zu seiner Behausung, flocht sich eine Matte aus Schilf, um darauf zu liegen, und wurde zum Einsiedler. Und Stunde um Stunde pries der Einsiedler Gott, dass er ihm einen Teil der Erkenntnis Seiner und Seiner wunderbaren Größe gelassen hatte.

Als der Eremit nun eines Abends vor der zu seiner Behausung erkorenen Höhle saß, gewahrte er einen Jüngling von bösem, aber schönem Angesichte, welcher in ärmlichem Gewand und mit leeren Händen an ihm vorüberging. Jeden Abend kam der junge Mann mit leeren Händen vorüber, und jeden Morgen kehrte er, die Hände voller Purpur und Perlen, wieder. Denn er war ein Räuber und beraubte die Karawanen der Kaufleute.

Und der Eremit betrachtete ihn und bedauerte ihn. Aber er sprach kein Wort. Wusste er doch, dass, wer ein Wort spricht, seinen Glauben verliert.

Und eines Morgens, als der Jüngling mit Händen voller Purpur und Perlen wiederkehrte, blieb er stehen, runzelte die Stirn, stampfte mit dem Fuß auf den Sand und sprach zu dem Einsiedler: »Was musterst du mich so, wenn ich an dir vorübergehe? Was ist es, was ich in deinen Augen erblicke? Keiner hat mich je so betrachtet. Und es ist mir ein Dorn und ein Ärgernis.«

Und der Einsiedler antwortete ihm und sprach: »Was du in meinen Augen siehst, ist Mitleid. Das Mitleid blickt dich aus meinen Augen an.«

Da lachte der junge Mann verächtlich, schrie den Eremiten voller Erbitterung an und sagte: »Ich habe Purpur und Perlen in Händen, und du besitzt nichts als eine Schilfrohrmatte, dich darauf auszustrecken. Wie solltest du Mitleid mit mir haben? Und aus welchem Grund?«

»Ich habe Mitleid mit dir«, sagte er Einsiedler, »weil du keine Erkenntnis Gottes besitzt.«

»Ist diese Erkenntnis Gottes denn etwas Kostbares?«, fragte der junge Mann und näherte sich dem Eingang der Höhle.

»Sie ist kostbarer als aller Purpur und alle Perlen der Welt«, versetzte der Eremit.

»Und du besitzt sie?«, fragte der junge Räuber und trat noch näher heran.

»Einstmals«, erwiderte der Einsiedler, »besaß ich die vollkommene Erkenntnis Gottes. In meiner Torheit jedoch trennte ich mich von ihr und verteilte sie unter andere. Doch auch jetzt noch ist mir das, was mir von ihr blieb, kostbarer als Purpur und Perlen.«

Als der junge Räuber dies vernahm, warf er Purpur und

Perlen, welche er in Händen hielt, fort, zog ein scharfes Schwert aus geschwungenem Stahl und sprach zum Eremiten: »Gib mir unverzüglich diese Erkenntnis Gottes, welche du besitzt, oder ich erschlage dich, so wahr ich hier stehe. Denn weshalb sollte ich den, welcher einen größeren Schatz besitzt als den meinen, nicht erschlagen?«

Und der Eremit breitete die Arme aus und sprach: »Wäre es nicht besser für mich, zu den äußersten Vorhöfen Gottes zu gehen und Ihn zu preisen, als in der Welt zu leben und keine Erkenntnis von ihm zu besitzen? Erschlage mich, wenn es dich danach verlangt, meine Erkenntnis Gottes aber werde ich dir nicht geben.«

Da kniete der junge Räuber nieder und flehte ihn an, doch der Eremit wollte ihm weder von Gott sprechen noch ihm seinen Schatz geben, und der junge Räuber erhob sich und sprach zum Eremiten: »Es sei, wie du es wünschst. Ich jedenfalls will in die Stadt der Sieben Sünden gehen, die nur drei Tagreisen von hier entfernt liegt, dort werden sie mir Lust geben für meinen Purpur, und für meine Perlen werden sie mir Freude verkaufen.« Und er nahm den Purpur und die Perlen und eilte rasch von dannen.

Da schrie der Einsiedler auf, folgte ihm und flehte ihn an. Drei Tage lang folgte er dem jungen Räuber und beschwor ihn, umzukehren und die Stadt der Sieben Sünden nicht zu betreten.

Dann und wann wandte sich der junge Räuber zu ihm um, rief ihm zu und sagte: »Gibst du mir nun diese Erkenntnis Gottes, welche kostbarer ist als Purpur und Perlen? Wenn du sie mir gibst, werde ich die Stadt nicht betreten.« Und immer wieder versetzte der Einsiedler: »Alles, was ich habe, will ich dir geben, nur dies eine nicht. Denn es wäre nicht recht, wenn ich es dir gäbe.«

Und in der Dämmerung des dritten Tages näherten sie sich dem großen scharlachfarbenen Tor der Stadt der Sieben Sünden. Und aus der Stadt scholl der Klang vielstimmigen Gelächters. Und der junge Räuber lachte ebenfalls und suchte, ans Tor zu klopfen. Und als er es tat, stürzte der Eremit auf ihn zu, packte ihn bei den Schößen seines Gewandes und sprach zu ihm: »Strecke die Hände aus und lege mir die Arme um den Hals und führe das Ohr an meine Lippen heran, und ich will dir geben, was mir von der Erkenntnis Gottes geblieben ist.« Und der junge Räuber hielt inne.

Und als der Einsiedler seine Erkenntnis Gottes hergegeben hatte, fiel er zu Boden und weinte, und eine große Finsternis verbarg die Stadt und den jungen Räuber vor ihm, sodass er sie nicht mehr sah.

Und als er weinend dort lag, spürte er, dass Einer neben ihm stand, und Der, welcher neben ihm stand, hatte Füße aus Messing und Haare wie feine Wolle. Und Er richtete den Einsiedler auf und sprach zu ihm: »Einstmals besaßest du die vollkommene Erkenntnis Gottes. Nun wirst du die vollkommene Liebe Gottes haben. Was also weinest du?«

Und Er küsste ihn.

Der Jünger

* * *

Als Narkissos starb, wollten die Bäume und die Blumen um ihn weinen. Und die Blumen sagten zu den Bäumen: »Lasst uns zum Fluss gehen und ihn bitten, uns von seinem Wasser zu leihen, damit wir Tränen machen und weinen können, bis wir genug getrauert haben.«

So gingen die Bäume und Blumen zum Fluss, und die Bäume riefen ihn an und sprachen: »Gib uns doch von deinem Wasser – wir bitten dich –, damit wir Tränen machen und weinen können, bis wir genug getrauert haben.«

Und der Fluss erwiderte: »Gewiss könnt ihr von meinem Wasser haben, wie ihr es wünscht. Doch wozu wollt ihr mein Wasser, welches ein Wasser des Lachens ist, in Wasser verwandeln, welches Wasser des Schmerzes ist? Und weshalb wünscht ihr zu trauern?«

Und die Blumen antworteten: »Wir wollen trauern, weil Narkissos gestorben ist.«

Als der Fluss aber hörte, dass Narkissos gestorben war, verwandelte er sich aus einem Wasserfluss in einen Tränenfluss.

Und er rief den Bäumen und Blumen zu und sprach: »Obgleich jeder Tropfen meines Wassers eine Träne ist und ich mich von einem Wasserfluss in einen Tränenfluss verwandelt habe, und mein Wasser, das Wasser des Lachens war, nun Wasser des Schmerzes ist, vermag ich euch dennoch keine Träne zu leihen – so sehr habe ich den Narkissos geliebt.«

Und die Bäume und Blumen schwiegen, und nach einer Weile antworteten die Bäume und sagten: »Es nimmt uns nicht wunder, dass du so um Narkissos trauerst – schön, wie er war.«

Und der Fluss sagte: »War Narkissos denn schön?«

Und die Bäume und Blumen erwiderten: »Wer wüsste es besser als du? An uns ist er stets nur vorübergegangen, dich aber hat er aufgesucht, hat an deinen Ufern gelegen, auf dich hinabgeblickt und im Spiegel deines Wassers seine Schönheit gespiegelt.«

Und der Fluss erwiderte: »Ich aber liebte Narkissos, weil ich – wenn er an meinen Ufern lag und auf mich herabschaute – im Spiegel seiner Augen meine eigene Schönheit gespiegelt sah. Deswegen liebte ich den Narkissos, und deswegen muss ich weinen, bis ich genug getrauert habe, und kann euch keine Träne leihen.«

Anhang

* * *

Anmerkung zu
Übersetzung und Bearbeitung

* * *

Fast alle, die Oscar Wilde als Erzähler seiner Geschichten erlebt hatten, waren enttäuscht, als sie die *Prosagedichte* lasen. Ihrer Meinung nach hatte Wilde die Geschichten durch einen viel zu ausgefeilten und überladenen Stil eines Teils ihres ursprünglichen Charmes und ihrer Geradlinigkeit beraubt. Zweifellos bewegte diese Auffassung auch die früheren Übersetzer, als sie die auf Französisch überlieferten Geschichten so schlicht und unmittelbar wie nur möglich wiedergaben.

Zwar könnte man argumentieren, dies gebe den Geschichten die ursprüngliche Frische zurück, dennoch ist es undenkbar, dass Wilde sie so erzählte. Aus seinen Briefen und sämtlichen erhaltenen Berichten über seinen Konversationsstil geht klar hervor, dass er mit jener leisen, musikalischen Stimme, die er auch vielen seiner Charaktere lieh, in komplexen Wiederholungen aus ausgefeilten rhythmischen Phrasen zu sprechen pflegte. Einige von Wildes Zuhörern stellten sogar fest, dass er seine Geschichten erzählte, als handele es sich um eine Art Wortmusik. Einer verglich ihn mit einem Geiger, der Vergnügen daran findet, bestimmte Musikpassagen hervorzuheben; andere rückten ihn in die Nähe eines Barden, der magische Worte murmelt wie bei einer Beschwörung. Um eine Art Vorstellung davon zu bekommen, sollten wir uns an das Erstaunen erinnern, das W. B. Yeats bei seiner ersten Begegnung mit Wilde empfand. »Nie zuvor«, schrieb er, »hatte ich einen Menschen in vollkommenen Sätzen sprechen hören, so als habe er sie unter Mühen über Nacht verfasst, und dennoch völlig spontan.«

Im Gegensatz zu früheren Übersetzungen versuchen die in diesem Band wiedergegebenen, etwas von diesem Wilde'schen Tonfall einzufangen. Wenn auch nicht so »dekorativ« wie seine *Prosagedichte* oder die Geschichten aus dem *Granatapfelhaus*, wollen diese Fassungen dennoch eine Vorstellung vom nicht ganz so ornamentalen Stil des Autors vermitteln. Die Übersetzungen der Anekdoten und der komischen Geschichten wurden von Geschichten wie »Das Gespenst von Canterville« inspiriert, die Märchen, Fabeln und Bibelerzählungen orientieren sich an Wildes Märchen und *De Profundis*.

Mag es auch vermessen sein, Wildes Stil nachzuahmen, so müssen wir es dennoch versuchen, wenn wir uns ihn als Erzähler seiner Geschichten vergegenwärtigen wollen. Natürlich können wir die authentische Vergangenheit, in der diese Geschichten erzählt wurden, nicht mehr rekonstruieren; Wilde selbst lehrt uns, dass – egal, wie wir uns die Vergangenheit ausmalen – unser »Bild« davon doch sehr unserer eigenen Zeit und Vorstellungswelt verhaftet bleibt. Doch darum – und auch dies lehrt er uns – geht es gar nicht: Wir können uns vorstellen, wie er die Geschichten erzählt haben könnte, und versuchen, unsere Vorstellung davon möglichst reich und lebendig zu gestalten. Die Vorworte bilden den Versuch, etwas von Wildes Ausstrahlung zu vermitteln; die Übersetzungen dienen demselben Zweck.

Übersetzer mündlicher Erzählungen unterliegen nicht denselben Einschränkungen, die für Übersetzer schriftlich fixierter literarischer Werke gelten. Da die Geschichten in der Regel von Wildes Zuhörern und nicht von ihm selbst niedergeschrieben wurden, hat es eigentlich keinen Sinn, sie besonders getreu oder wörtlich zu übertragen. Ein solches Unterfangen befände sich geradezu im Widerspruch mit dem Geist sowohl des Wilde'schen Genies als auch der Geschichten; statt nach strikter »Authentiziät« sollte man, wie ein Wilde-Forscher bemerkte, eher nach »Angemessenheit« streben. Dementsprechend wurden bestimmte biblische Formeln und ein paar von Wildes rhetorischen Kunstgriffen in die Übertragungen aufgenommen.

Für »angemessen« hielt man es auch, die auf Englisch notierten *spoken stories* zu verbessern. Wie jeder Schriftsteller, der sich mit Wildes gesprochenen Geschichten befasste, empfand auch der Autor des vorliegenden Werks die Notwendigkeit, viktorianische Ausdrücke, »falsche Töne« sowie manche »Stilverfehlung« auszumerzen. Fünf der Geschichten – »Die Schauspielerin«, »Die Illusion des freien Willens«, »Die Rose der Infantin«, »Das Martyrium der Liebenden« und »Das schmachvolle Ende des Papstes Johannes XXII.« – wurden offensichtlich ohne besondere Sorgfalt zu Papier gebracht; sie sind den anderen Geschichten so deutlich unterlegen, dass es notwendig war, sie stellenweise zu überarbeiten. »Die Geschichte des Mannes, der seine Seele verkaufte«, »Isebel« sowie »Das Antlitz der Seele« wurden aus ähnlichen Gründen in geringerem Ausmaß verändert. Die Quellenangaben für sämtliche Geschichten finden sich auf den Seiten 212 bis 215.

Quellen

* * *

Anekdoten

»The Young Spendthrift«: De Saix, Guillot, *Le Chant Du Cygne, Contes Parlés d'Oscar Wilde, Recueillis Et Rédigés Par Guillot De Saix,* S. 249–50, Paris, Mercure de France, 1942.

»Aunt Jane's Ball«: Robertson, W. Graham, *Time Was,* S. 132–4, London, Hamish Hamilton, 1931.

»The Young Inventor«: Shaw, George Bernard, »My Memories of Oscar Wilde«, in: *Oscar Wilde,* von Frank Harris, Appendix A, S. 331–2, New York, Dorset Press, 1989 (Reprint).

»The Actress«: Enthoven, G. und (?) Lowther, *Son of Oscar Wilde* von Vyvyan Holland, Appendix C, S. 258–260, London, Hart-Davis, 1954.

»Presence of Mind«: Pearson, Hesketh, *The Life of Oscar Wilde,* S. 211–2. London, Methuen & Co., 1946 und Douglas, Lord Alfred, *Oscar Wilde and Myself,* S. 232–3, London, John Murray, 1914.

»Lord Arthur Savile and the Palmist«: Pearson, S. 134–5.

»The Glass Eye«: De Saix, S. 251–3.

»The True History of Anne of Cleves«: Ricketts, C., *Recollections of Oscar Wilde,* S. 17, London, Nonesuch, Press, 1932.

»The Magic Ball«: De Saix, S. 216–8.

Fabeln

»The House of Judgement«: Pearson, S. 218–9.

»The Illusion of Free Will«: Le Galliene, Richard, *The Romantic '90s,* S. 146–7, London, G. P. Putnam & Son, 1926.

»The Rose of the Infanta«: Sturge Moore, T & D. C. Hg., *Works and Days from the Journal of Michael Field,* S. 136, London, John Murray, 1933.

»The Face of the Soul«: Hart-Davis, R., Hg., *More Letters of Oscar Wilde,* Appendix B, S. 207–8, Oxford, OUP, 1985.

»The Poet«: Ricketts, S. 18

»The Poet in Hell«: Housman, L., *Echo De Paris,* S. 44–46, London, Jonathan Cape, 1923.

»The Counterfeit Coin«: De Saix, S. 90–1.

»Our Lady of Sorrows«: Ricketts, S. 20–21.

»The Man Who Could Only Think in Bronze«: De Saix, S. 284–5.

»The Story of the Man Who Sold His Soul«: Housman, S. 47–51.

»The Mirror of Narcissus«: Pearson, S. 217.

Biblische Geschichten

»The Thirty Pieces of Silver«: De Saix, S. 104 und S. 286–7.

»The Martyrdom of the Lovers«: Hamilton Graham, A., »The Ephemeral«, in: *The Cornhill Magazine* LXXXI, Dezember, S. 649–50, London 1931.

»The Raising of Lazarus«: Aus einem Brief von Andre Gide, zitiert in *Mercure de France I* XI, S. 534, Paris, 1937.

»The Shameful Death of Pope John XXII«: Hamilton Graham. S. 651–3.

»The Temptation of the Hermit«: Conan Doyle, Sir Arthur,

Memoirs and Adventures, S. 78–80, London, Hodder & Staughton, 1924.

»Salomé and the False Prophet«: De Saix, S. 131–3.

»The Double Beheading«: Ibid. S. 138–9.

»The Decapitation of Saint Salomé«: Ibid. S. 135–6.

»Saint Robert of Phillimore«: Leverson, Ada, *Letters to the Sphinx,* S. 48–9, London, Duckworth, 1930.

»The God Who Left his Temple«: Ricketts, S. 34.

»The Best Story in the World«: Yeats, W. B., *Autobiographies,* S. 286, London, Macmillan & Co., 1955.

»The Exasperation of Nero«: O'Sullivan, Vincent, *Aspects of Wilde,* S. 67, London, Constable, 1936.

»Jezebel«. Enthoven und (?) Lowther, Holland, Appendix C, S. 261–4.

»The Miracle of the Stigmata«: De Saix, S. 126–7.

»Moses and Pharaoh«: Ibid. S. 52–4.

»Two Ghosts on the Nile«: Jaloux, E. L., *Les Saisons Littéraires,* Bd. I, S. 170–1, Paris, 1942.

»The Holy Courtesan«: Hichens, Robert, *Yesterday,* S. 68–9, London, Cassell & Co., 1947.

»The True History of Androcles and the Lion«: De Saix, S. 140–1 and Douglas, S. 232.

»The Cardinal of Avignon«: Millard, C. S., »Stuart Mason« in: *The Bibliography of Oscar Wilde,* Appendix, S. 583–5, London, T. Werner Lowrie, 1914.

»The Master«: Harris, S. 80.

»The Folly of Simon«: Enthoven und (?) Lowther, Holland, Appendix C, S. 260–1.

»The Useless Resurrection«: De Saix, S. 170–2.

Prosagedichte

»The Artist«, »The Doer of Good«, »The Disciple«, »The Master«, »The House of Judgement«, »The Teacher of Wisdom«: *Complete Works of Oscar Wilde*, London, Collins, 1948.

»The Disciple«: *The Spirit Lamp,* Bd. 4, Nr. II, 6. Juni, S. 50–1, Oxford, 1893.

Bibliographie

* * *

Hilfreich waren vor allem folgende Werke:

Baudelaire, C., *The Poems in Prose,* übertragen von Francis Scarfe, London, Anvil Press, 1989.

Beckson, K., Hg., Oscar Wilde: *The Critical Heritage,* London, Routledge & Kegan Paul, 1970.

Borges, Jorge Luis, *Selected Poems 1923–1967,* hrsg. v. N. Thomas Di Giovanni, London, Allen Lance, 1972.

De Saix, Guillot, *Contes et Propos d'Oscar Wilde.* Les Œuvres Libres, Nouvelle Série, Nr. 40, Paris, 1949.

Ellmann, R. *Oscar Wilde,* London, Hamish Hamilton, 1987.

Gide, A. et al, *Recollections of Oscar Wilde,* Boston, J. W. Luce & Co., 1906.

Hart-Davis, R. Hg., *The Letters of Oscar Wilde,* London, Hart-Davis, 1962. Kierkegaard, S., *Parables of Kierkegaard,* hrsg. v. T. C. Oden, Princeton, Princeton University Press, 1978.

Mikhail, E. H., *Oscar Wilde: An Annotated Bibliography of Criticism,* London, Macmillan, 1978.

Mikhail. E. H., Hg., *Oscar Wilde: Interviews and Recollections,* 2 Bde., London, Macmillan, 1979.

Murray, I., Hg., *The Writings of Oscar Wilde,* Oxford University Press, 1989.

Stokes, J., »The Magic Ball« in: *Oscar Wilde: Myths, Miracles and Imitations,* Cambridge, Cambridge University Press, 1996.

Toomey, D., »The Story-Teller at Fault: Oscar Wilde and Irish Orality« in: *Wilde The Irishman,* J. McCormack, Hg., New Haven, Connecticut, Yale University Press, 1998.

Danksagung

* * *

Danken möchte ich der Belegschaft der British Libray – insbesondere den Mitarbeitern der Abteilung Science 3 – für ihre geduldige und effiziente Hilfe. Des weiteren gilt mein Dank meinem Agenten Giles Gordon, meiner Verlegerin Margaret Little, meinen Lektoren Jamie Ambrose und Stephen Guise, ebenso wie Susie Brumfitt, die viele der Geschichten für mich abtippte, Ingrid Cranfield, die meine »Vorworte« redigierte, sowie Anne Marie Wright für das Korrekturlesen der Prosagedichte. Erwähnen will ich auch eine persönliche Dankesschuld gegenüber Anna Wright und Dave Sprout, die mich bei einigen Titeln für die Geschichten und Fabeln berieten, und Peter Ackroyd, der sich freundlicherweise bereit erklärte, das Vorwort zu schreiben. Vor allem aber danke ich Chiara Nicolini, die mir mit großer Geduld und Intelligenz in jedem Stadium der Arbeit an diesem Buch zur Seite stand, vornehmlich bei den Übersetzungen und beim Redigieren.

Bedankt sei zu guter Letzt auch Oscar Wildes Enkel, Mr. Merlin Holland, für sein Interesse an *Table Talk* und für seine freundliche Erlaubnis, mündliche Geschichten, die noch immer urheberrechtlich geschützt sind, hier abdrucken zu dürfen. Obgleich Mr. Holland in der Vergangenheit wenig Neigung zeigte, derartige Projekte zu unterstützen, glaubt er, dass eine Anthologie der *spoken stories* angesichts des inzwischen stark gestiegenen Interesses an Oscar Wildes Werk und Persönlichkeit sowohl von den Philologen wie dem allgemeinen Lesepublikum begrüßt wird.

Bildnachweis

* * *

Hulton Getty 8; The Art Archive 22, Hulton Getty 33; Mary Evans Picture Library 36; Merlin Holland 39, 44, 60, 64; The Bridgeman Art Library/Stapleton Collection 73, Hulton Getty 77, 85, 98, 110, 119; Mary Evans Picture Library 124; Merlin Holland 137, 140, 151, 164; Hulton Getty 183.